BERND KÜLLENBERG
MARLIES WEBER

Honig

Altes Hausmittel neu entdeckt

➤ Fit mit Honig, Propolis, Pollen und Gelée Royal
➤ Rezepte für Gesundheit, Schönheit und Genuß
➤ Wissenswertes über Sorten und Qualität

Inhalt

Ein Wort zuvor

In den großen Gesundheitslehren mit Tradition, zum Beispiel der Klostermedizin in Europa, dem Ayurveda aus Indien oder der chinesischen Medizin, findet man eine enge Verknüpfung von Nahrungs- und Heilmittel. Noch zu Zeiten unserer Großeltern wußte man von den gesundheitsfördernden Eigenschaften vieler Nahrungsmittel. Leider geriet dieses Wissen im Laufe unserer Zeit wieder in Vergessenheit. Doch mehr und mehr erinnern wir uns an die heilende Kraft der Natur, und viele von uns geschätzte Lebensmittel erleben ihre Renaissance als Bestandteil der Naturheilkunde. Dazu gehört auch der Honig. Bei ihm handelt es sich um eines der wenigen wirklichen Naturprodukte, deren Art der Erzeugung und Gewinnung sich seit Tausenden von Jahren nicht geändert hat. Inzwischen spielen Honig und andere Bienenprodukte eine so bedeutsame Rolle, daß ihre Heilanwendungen zu einem eigenständigen Gebiet der Naturheilkunde – die Apitherapie (= Behandlung mit Bienenprodukten) – zusammengefaßt werden.

Als Lebens- und Genußmittel, aber auch als Heilmittel besitzt Honig eine lange Tradition. In allen Hochkulturen der Menschen wurde er wegen seiner Vielfalt an Nähr- und Geschmacksstoffen hoch geschätzt. Bei den Damen der besseren Gesellschaft war Honig als ideales Mittel für glatte Haut sehr beliebt. Auch heute fasziniert neben der Vielfalt der Inhaltsstoffe die Vielfalt der sinnvollen Einsatzmöglichkeiten des Honigs in Küche, Naturapotheke und Kosmetik. Diese breite Anwendungspalette werden Sie anhand unserer zahlreichen Rezepte kennenlernen. Außerdem stellen wir Ihnen noch die anderen Bienenprodukte Gelée Royale, Propolis und Blütenpollen vor.

Viel Spaß beim Lesen und Ausprobieren!

Bernd Küllenberg
Marlies Weber

Honig: mehr als nur ein Nahrungs-mittel

Bienen gibt es schon seit 35 bis 45 Millionen Jahren, wie man aus Bernsteinfunden weiß. Die Gewinnung von Honig durch den Menschen geht auf prähistorische Zeiten zurück. Die älteste Felszeich-nung, in der Honigsammler bei der Ernte abgebildet sind, stammt aus der Höhle von La Aranas nahe Valencia und wird auf die Zeit um 7000 vor Chri-stus datiert. Begleiten Sie uns zunächst auf einen kleinen Streifzug durch die Antike, in der Honig als Geschenk der Götter angesehen und als Heil-mittel sehr geschätzt wurde. Erfahren Sie dann alles Wis-senswerte über seine »Her-stellerinnen« sowie über Sortenvielfalt und Qualität.

Das »Geschenk der Götter«

Schon im Altertum wurde Honig geschätzt

In nahezu allen Hochkulturen der Antike wurde dem Honig ein Wert beigemessen, der weit über den eines einfachen Lebensmittels hinausging. Er wurde zu religiösen Zwecken eingesetzt, diente als Grabbeigabe oder als Opfergabe und besonders als Heilmittel. Honig wurde auch als Zahlungsmittel eingesetzt, denn er war selten, schwierig zu ernten und eines der wenigen begehrten süßen Lebensmittel – Zucker gab es ja noch nicht! In Ägypten, Babylonien, Indien und China galt Honig als göttlicher Nektar.

Honig in der Antike
Imker auf dem Nil

Um ungefähr 3200 vor Christus waren im alten Ägypten Bienen in der Hieroglyphenschrift das Symbol der Pharaonen und des Königreiches. Sie schmückten das Siegel der berühmten Königin Hatschepsut (1490 bis 1468 vor Christus). Im alten Ägypten, das auch als Land der Biene bezeichnet wurde, galt der Honig als »Lebendig gewordene Tränen des Sonnengottes Ra«.
Eine Vorform der Imkerei war bereits zu Zeiten der 5. Dynastie (2500 vor Christus) verbreitet. Damals fuhren die ersten »Imker« ihre Bienenstöcke in Tonbehältern mit Schiffen auf dem Nil spazieren und ließen die Bienen während des Tages zu den schönsten Blütenteppichen ausschwärmen. Nachts fuhren sie weiter zu neuen Gebieten. Auf diese Weise erhielten sie schmackhaften Honig, den sie verkaufen konnten.
Im alten Ägypten war Honig sehr kostbar. Das erkennt man unter anderem daran, daß König Ramses II. seinen Beamten einen Teil ihres Gehaltes in Honig auszahlte. Auch Waben und Honigkuchen waren als Zahlungsmittel verbreitet. Außerdem dienten sie den Toten in den Gräbern als Proviant für die Reise ins Jenseits. In den berühmten ägyptischen Papyri – die Vorgänger der heutigen Arzneibücher – findet man Honig als vielseitiges Heilmittel. Fast alle Arzneimittel enthielten Honig.

Honigwaben – Beamtensalär und Totennahrung

Honig im antiken Griechenland

Der berühmte griechische Arzt Hippokrates (460 bis 377 vor Christus) setzte Honig ebenso wie seine anderen Heilmittel Wasser und Luft als eine Art Allheilmittel ein. Er und seine Schüler verordneten Honig gegen Verletzungen, Geschwüre, eiternde Wunden und um das Fieber zu senken. Etwa 300 Honigrezepturen waren damals im Umlauf.

Die alten Griechen legten Honig ins Grab der Toten als Symbol ewigen Lebens. Honig galt bei ihnen als Schönheitsmittel und Bienen als Boten der Götter.

Bereits im vierten Jahrhundert vor Christus unterhielten die griechischen Stadtstaaten eine voll entwickelte, gesetzlich geregelte Imkerei. **Erstes Bienenbuch von Aristoteles** Von Aristoteles (384 bis 322 vor Christus) stammt das älteste Fachbuch über die korrekte Bienenzucht und die Gewinnung von Honig. In Athens Gesetzen hieß es: Der Abstand eines Bienenkorbs zu den Nachbarn muß mindestens 300 Fuß betragen.

Kretischer Schmuck aus der Minoischen Kultur, 17./16. Jahrhundert vor Christus

Apiarius – der Bienenpfleger im alten Rom

Auch bei den Römern wurde der Honig hoch geschätzt. In allen Fachbüchern zum Landbau wurde auch die Imkerei erwähnt. Apiarius hieß der Beruf des Bienenpflegers. Dieser war verantwortlich für die Zucht der Bienen und die Reinigung der Stöcke.

Plinius der Ältere (23 bis 79 nach Christus) widmete sich den gesundheitlichen Vorzügen des Honigs. Zu seiner Zeit gehörte zu jedem landwirtschaftlichen Betrieb ein Bienenstand, der von einem »Bienensklaven« versorgt werden mußte. Honig war für ihn Himmelsmedizin bei Beschwerden an Augen und Eingeweide und bei Geschwüren.

Virgil (70 bis 19 vor Christus) befaßte sich in seinen Schriften mit der Bienenhaltung und Honiggewinnung. **Honig – in der römischen Küche** Honig wurde in der römischen Küche unter anderem als Dressing für verschiedenes Wurzel- und Salatgemüse verwendet. Wein wurde bei Bedarf mit Honig nachgesüßt. Frische Früchte, Gemüse und Fleisch wurden manchmal in Honig eingelegt, um sie zu konservieren.

Vom Zeidler zum Imker

Honig – die
Götterspeise

Bei den alten Germanen galt Honig als Götterspeise, der Gottvater Odin seine Unsterblichkeit, Kraft und Weisheit zu verdanken hatte. Adlige gaben Honig als Ehrengabe an ihr Gefolge. Untertanen mußten einen Teil der Steuern als Honigzins an ihre Herren entrichten. Nur Männer konnten Zeidler – so nannten die Germanen den Imker – werden, denn Frauen galten wegen ihrer Periode als unrein.
Es war ungeschriebenes germanisches Recht, daß jeder, der einen Baum fand, in dem ein Bienenvolk lebte, ihn markieren und nutzen konnte. Die Bienenwaben waren ursprünglich in Baumstämmen zu finden. Baumstümpfe wurden Stock genannt, daher stammt der Name Bienenstock.
Im Mittelalter erfuhr die Imkerei großen Auftrieb durch Karl den Großen. Er befahl, daß jedes Gut einen Imker und einen Metbauern – der Hersteller des Honigweins Met – haben müsse. Jeder Gutsbesitzer mußte Honig als Zehnten – eine Art Steuer – an den kaiserlichen Hof abgeben. Um 1000 nach Christus hatte das Zeidlerwesen vor allem in Nürnberg und Regensburg seine große Blütezeit. In dieser Gegend gab es viele auf Waldbienenzucht spezialisierte bäuerliche Betriebe. Die Zeidler hatten eine eigene Gerichtsbarkeit und durften jeden hängen, der Honig aus den Waldvölkern stahl.
Für Jahrhunderte war Honig also praktisch das einzige Süßungsmittel und deswegen hoch geschätzt. Erst mit der Massenproduktion von Zucker aus Zuckerrohr und –rübe in der zweiten Hälfte des 19. Jahrhunderts nahm diese Bedeutung ab.

Honig diente
als Steuer

Honig von der Bibel zum Koran

In der griechischen Mythologie, den religiösen Schriften des Christentums, des Islam, des Judentums, der indischen Ayurveda und den Ritualen der Mayas und Azteken wird Honig besonders herausgestellt. So soll Gottvater Zeus von den Nymphen Melissa und Amaltheia mit Milch und Honig aufgezogen worden sein.

Honig in allen Kulturen

Im Lukas-Evangelium wird berichtet, daß Christus nach seiner Auferstehung vor den Augen seiner Jünger ein Stück Honigwabe aß, um sie zu überzeugen. Bis ins sechste Jahrhundert nach Christus erhielten die Eltern des Täuflings Milch und Honig. Außerdem wurde die Zunge der

Neugeborenen mit Honig bestrichen. In Norditalien wurden bis ins zehnte Jahrhundert am Karsamstag und Pfingstsamstag Milch und Honig gesegnet. Im Islam heißt es, daß Mohammed (561 bis 632 nach Christus) zwar den Alkohol strikt verbot, Honig hingegen empfahl: »Iß Honig mein Sohn, denn er ist gut, nicht nur zum Essen, sondern er ist auch ein sehr nützliches Mittel gegen mancherlei Krankheiten. Honig ist ein Heilmittel für jede Krankheit, der Koran ist ein Heilmittel für jede geistige Krankheit – aus diesem Grund verordne ich euch beides, den Koran und den Honig.« So kann man es in der 16. Sure des Koran nachlesen. Sie trägt die Überschrift »Die Biene«. Im jüdischen Glauben gelten Milch und Honig als Symbole für das gelobte Land, eben das Land, in dem Milch und Honig fließen.

Mohammed empfahl Honig als Heilmittel

Die Miniatur aus dem 16. Jahrhundert zeigt den Propheten Mohammed mit einem Bienenschwarm.

In Israel bekommen daher neugeborene Kinder Honigbutter, die ihnen um den Mund gestrichen wird. Auch für Opfergaben wurde die »göttliche Speise Honig« verwendet.

In Indien wurden Könige mit Honig geweiht. Gott Indra, so die Überlieferung, bekam als erste Nahrung Honig. Andere Götter waren ebenso stark mit dem Honig verbunden. Nach dem Totenkult verließ die Seele den Körper in Form einer Biene. Zum Totenschmaus gehörte immer auch Honig. In einem Gebet zu den Regengöttern Mitra und Varuna heißt es: »Betaut mit Milch und Honig die Flur, gießt für eure Verehrer honigströmende Sahne herab, begießt mit Sahne das Feld und mit Honig die Lüfte.«

Honig für die Götter

Bei den Mayas war der Honig heilig. Bei Festen bestrichen die Priester ihre Lippen mit Honig. Die Gläubigen fertigten aus Mehl und Honig Abbilder der Gottheiten, die aufgegessen wurden.

Kleine Bienenkunde

Schon kleine Kinder lernen, daß die Biene Honig erzeugt. Nur wenige Menschen wissen jedoch, welche große ökologische Bedeutung die Bienen haben. Christian K. Sprengel entdeckte als erster gegen Ende des 18. Jahrhunderts die Bestäubungsfunktion der Bienen. Gäbe es keine Bienen, wäre ein Großteil unserer Pflanzen im Bestand gefährdet. In den großen Obstbaugebieten könnte ohne die Honigbienen nur ein Bruchteil der Pflanzen befruchtet werden und Früchte tragen.

»Bioindikator Biene«

Heute sind die Bienen infolge der zunehmenden Umweltbelastung und der modernen landwirtschaftlichen Methoden, zum Bei-

Bienen meiden die mit Giftstoffen belasteten Pflanzen.

spiel Verbreitung von Monokulturen und Verwendung von Pflanzenschutzmitteln, stark bedroht. Englische Umweltforscher bezeichneten die Honigbienen als »Bioindikatoren«, die sehr empfindlich auf ein gestörtes Gleichgewicht in der Natur reagieren: Die meisten Gifte setzen den Bienen so zu, daß sie noch vor Erreichen des Bienenstocks verenden. Außerdem haben die Bienen feine Antennen für mit Giftstoffen, besonders Pestiziden, belastete Pflanzen. Sie meiden sie. Dies hat unter anderem zur Folge, daß diese Gifte erst gar nicht mit dem Nektar von den Bienen in den Bienenstock transportiert werden und so nicht in den Honig gelangen.

Spritzmittelanwender müssen sich an die Bienenverordnung halten

Perfekter Staat

Insekten als
Staaten-
bildner

Die Bienen zählen zu den Insekten und bilden zusammen mit den Ameisen und den Wespen die Unterordnung der Aculeata (Stechimmen). Sie gehören zu den im Tierreich selten vorkommenden Staatenbildnern. Die Organisation eines Bienenvolks ist ein äußerst faszinierendes und beeindruckendes Phänomen. Eine perfekte Arbeitsteilung, ein leistungsfähiges Kommunikationssystem und ein funktionierendes Sozialgefüge kennzeichnen den Bienenstaat. Dieses Phänomen fiel bereits in der Antike auf. Man unterstellte ihnen, sie hätten wie Menschen einen Staat geschaffen.

Von Königinnen und Drohnen

Der Bienenstaat wird von der Königin (Weisel) angeführt, die als einzige im Bienenstaat für die Produktion von Nachwuchs verantwortlich ist, und von Tausenden fleißigen Arbeiterbienen in Gang gehalten. Ausschließlich für die Befruchtung vorgesehen ist die männliche Biene, die Drohne, deren Schicksal nach der Begattung besiegelt ist. Die inneren Organe stülpen sich während des Begattungsaktes nach außen, werden abgetrennt, wodurch das Insekt – kurz nach Erfüllung seiner »Aufgabe« – verendet.

Eine Königin
kann 5 Jahre
alt werden

Die »Berufe« der Bienen

Der Tanz der Bienen

Auch in der Arbeitswelt der Bienen sind die Aufgaben klar verteilt: Die Suchbienen werden als Kundschafterinnen vorausgeschickt, um nektarreiche Ernteplätze zu finden. Haben sie eine üppige Futterquelle entdeckt, kehren sie zum Stock zurück und informieren ihre Stammesgenossinnen mit einem Tanz. Je aufgeregter und schneller der Tanz, um so vielversprechender ist der Fund und um so mehr Sammelbienen werden zur Ernte motiviert: Aus der Tanzformation entnehmen die Sammelbienen den genauen Fundort. In wissenschaftlichen Studien wurde der Bienentanz als Sprache entdeckt und entschlüsselt. Liegt die Futterquelle zum Beispiel nicht weiter als 100 Meter entfernt, beschränkt sich die Biene auf einen einfachen »Rundtanz«. Mit dem »Schwänzeltanz« berichtet die Suchbiene über Entfernung und Richtung der Nektar- oder Honigtauquelle.

Bienen
legen in
ihrem Leben
800 km
zurück

Aus Nektar und Honigtau ...

Die Sammelbienen – auch Trachtbienen genannt – sind für eine reichliche Ernte verantwortlich. Vor dem Aufsaugen von Nektar oder Honigtau geben sie aus ihrer Kopfdrüse eine winzige Sekretmenge ab, um ihn zu verdünnen. Danach gelangen Nektar und Honigtau durch Rüssel, Mundhöhle und Speiseröhre der Biene in die Honigblase (Honigmagen). Nektar und Honigtau werden hier weiter aufbereitet, das heißt, der in den Honigrohstoffen enthaltene Zucker wird durch Enzyme aufgespalten. Ein altes Wort für Enzyme, das häufig noch im Zusammenhang mit der Kennzeichnung von Honigen verwendet wird, lautet Fermente. Ein »fermentreicher« Honig enthält also noch viele der von den Bienen zugegebenen Enzyme.

Sammelbienen transportieren Nektar im Honigmagen

Nach ihrer Rückkehr in den Stock würgen die Trachtbienen den Inhalt des Honigmagens aus, der so an bereitstehende Stockbienen weitergegeben wird. Diese erledigen nun die abschließende Aufbereitung des Honigs. Sie entziehen dem Honig mit Hilfe schneller Flügelbewegungen Wasser, um ihn zu konservieren. Der Wassergehalt eines reifen Honigs darf nicht mehr als 20 % betragen. Beim Wasserentzug spielt die hohe Temperatur im Bienenstock ebenfalls eine wichtige Rolle. Chemisch verändert sich der Honig in dieser Phase auch durch die Enzyme der Trachtbienen, die weiterhin aktiv sind.

1 kg Honig stellt die Lebensarbeit von 400 Bienen dar

Entsprechend ihrer Herkunft enthalten Nektar und Honigtau neben unterschiedlichen Mengen an Saccharose (Rohr- oder Rübenzucker) auch andere Zuckerarten, die während der Reifungsphase des Honigs mit Hilfe der Enzyme gespalten werden. Es entstehen auf diesem Wege einfache Zucker wie Trauben- und Fruchtzucker. Auch neue Zuckerarten, die nicht im Nektar oder Honigtau vorhanden waren, können durch die Enzyme entstehen.

... wird schmackhafter Honig

Ist der Honig reif, wird er von den Bienen in den aus Wachs hergestellten Waben gelagert. Anschließend werden die Waben mit Wachs, das aus den Wachsdrüsen der Jungbienen stammt, verdeckelt. Der verdeckelte Honig signalisiert dem Imker, daß der Honig reif ist und »geerntet« werden kann. Nur sehr selten verdeckeln die Bienen unreifen Honig, der zum Beispiel mehr als 20 % Wasser enthält. Dieser Honig beginnt früher oder später zu gären und darf nicht verkauft werden.

Nur reifer Honig darf verkauft werden

Nektar und Honigtau – was ist das?

Bienen erzeugen den Honig aus zwei Rohstoffen: Nektar und Honigtau. Beide Grundstoffe finden die Bienen als süße Säfte (= Siebröhrensäfte) auf den Pflanzen.

Süßer Nektar

Nektar ist ein süßes Sekret aus den Nektardrüsen (Nektarien) der Blütenpflanzen. Zum größten Teil besteht er aus Wasser. Die wichtigsten Inhaltsstoffe des Nektars sind verschiedene Zucker, von denen Saccharose (Haushaltszucker), Fruktose (Fruchtzucker) und Glukose (Traubenzucker) die wichtigsten sind. Die Zusammensetzung der im Nektar enthaltenen Zucker ist charakteristisch für die verschiedenen Pflanzen. Zuckergehalt und -menge können je nach Pflanze, Standort und Witterungsbedingungen aber erheblich differieren. So schwankt der Zuckergehalt zwischen 5 und 87 %. Besonders viel Zucker enthält der Siebröhrensaft der Roßkastanien. Bienen lieben Süßes. Sie bevorzugen immer die süßeste Trachtquelle. Im Unterschied zum Menschen können die Bienen jedoch nur bestimmte Zuckerarten erkennen: So läßt Süßstoff die Bienen völlig kalt. Vermutlich verhindert die Natur so, daß wäßrige und folglich nicht lohnenswerte Nektare eingesammelt werden.

Zuckergehalt und -menge schwanken

Die Bienen kennen den Rhythmus der Natur genau. Sie wissen, zu welchen Tageszeiten der beste Nektar produziert wird, und stellen sich perfekt darauf ein.

Honigtau von Insekten

Honigtau nennt man die zuckerhaltigen Ausscheidungen verschiedener Insekten wie Rinden- und Schildläuse. Diese Pflanzensauger durchstechen die Rinde der Laub- und Nadelbäume, saugen den Siebröhrensaft auf und scheiden den überschüssigen Saft wieder aus. Dieser fällt als »Honigtau« auf Blätter und Zweige, von wo er von der Honigbiene gesammelt wird. Böse Zungen sprechen hier von »Läuseschiß«, eine Bezeichnung, die so sicher nicht berechtigt ist, da die Insektensekrete nicht vergleichbar mit den Exkrementen von Säugetieren sind. In einem Hektar Wald sondern die Insekten zwischen 300 und 400 Liter Honigtau ab. Nicht immer führt ein großes Angebot an Honigtau zu einer großen Sammelaktivität der Bienen. Auch hier kommt Qualität vor Quantität. Denn angelockt werden die Bienen durch bestimmte Zucker im Honigtau.

Qualität kommt vor Quantität

Von der Ernte bis zum Verkauf

Verdeckelte Waben bedeuten Reife

Nachdem der Honig gereift ist und von den Bienen mit einem abschließenden Wachsdeckel versehen wurde, kann er aus der verdeckelten Waben entnommen werden. Dies ist der Zeitpunkt, an dem der Imker in Aktion tritt.

Sieben Schritte bis zum eßfertigen Honig

Der günstigste Zeitpunkt, um die Waben zu entnehmen, ist der frühe Morgen – bevor die Bienen ausschwärmen. Auch an kühlen Tagen, an denen die Bienen nicht ausfliegen, um Nektar zu sammeln, kann der Imker die Waben herausnehmen. Zwar sind morgens noch alle Bienen im Stock, der Imker kann jedoch ausschließen, daß sich größere Mengen Nektars und unreifen Honigs vom Sammeltag in den Waben befinden.

Ernte am frühen Morgen

Eine traditionelle Methode, die Bienen zu vertreiben, ist das Räuchern. Häufig werden die Bienen mit einem Gebläse verjagt. Abzuraten ist von Geruchsstoffen, da sie eventuell in den Honig gelangen können. Die schleuderreifen Waben werden zügig herausgenommen, aufsitzende Bienen abgeklopft und abgefegt. Die Honigwaben werden in ein leeres Magazin gehängt, das sofort abgedeckt wird, um umherirrende Bienen fernzuhalten.

Damit die Bienen nicht hungern müssen, läßt ihnen der Imker 10 bis 20 kg Nahrung in Form von Honig und Zuckerwasser.

Die Honigwabe öffnen

Vor dem Schleudern öffnet der Imker die mit Wachs verschlossenen Waben. Dazu benützt er verschiedene Werkzeuge – Entdeckelungsmesser, -gabeln oder -rollen. Großbetriebe verwenden auch Entdeckelungsmaschinen. Äußerst wichtig ist, daß alle Gerätschaften kalt sind. Elektrische oder dampfbetriebene Maschinen arbeiten zwar erheblich effektiver, können aber die Qualität des Honigs durch die Wärmeentwicklung deutlich schädigen.

Wärme vermeiden

Wenn der Honig reif ist, entnimmt der Imker die Honigwaben. Dazu schützt er sich mit Hilfe des »Räucherns« vor den Bienen.

Kalt schleudern

Die gebräuchlichste Art der Honiggewinnung ist wohl das Abschleudern des Honigs aus den Waben mit Hilfe der Zentrifugalkraft. Die Temperatur im Schleuderraum sollte dabei 30 °C nicht überschreiten. Der Begriff kalt schleudern, der meist auch dem Laien bekannt ist, bezieht sich auf die im Schleuderraum herrschende Temperatur.

Von Verunreinigungen befreien

Schonender Honiggewinn

Beim Schleudern gelangen Wabenbestandteile, eingelagerte Pollen (= Bienenbrot) und andere Verunreinigungen in den Honig, die entfernt werden müssen. Der Honig wird daher sofort nach dem Auslaufen aus der Schleuder in ein Doppelsieb geleitet und hier bei Maschenweiten von 1,8 mm und 0,2 mm gefiltert. Damit können auch kleinste Schmutzteilchen aus dem Honig entfernt werden.

Für »Klarheit« sorgen

In Gläsern mit gesiebtem Honig steigen im Laufe einiger Tage Luftbläschen an die Oberfläche, die feinste Wachsteilchen mit sich führen. Auf dem Honig bildet sich eine schaumige Oberschicht, die vorsichtig mit einem Teigschaber abgestreift wird. Diese Prozedur muß mindestens zweimal innerhalb einiger Tage wiederholt werden, um den Honig vollständig zu klären.

Die Zuckerkristallisation beeinflussen

**Kristallisa-
tion ist ein
natürlicher
Vorgang**

Kristallisation beziehungsweise Kandieren eines Honigs, also Bildung und Wachstum von Zuckerkristallen, ist ein natürlicher physikalischer Vorgang und kein Zeichen für eine Honigschädigung. Wie bei Kaffee, in den größere Zuckermengen geschüttet werden, lösen sich die Zuckerkristalle ab einer gewissen Konzentration nicht mehr auf. Wie schnell der Honig kandiert, ist von Sorte zu Sorte verschieden. Raps- und Löwenzahnhonig kandieren innerhalb weniger Tage. Blüten- und Mischhonige benötigen dagegen einige Wochen. Waldhonige kandieren sogar erst nach mehreren Monaten, Akazienhonig mitunter erst nach Jahren. Bedenken Sie beim Honigkauf also immer, wie sich Ihr Honig »entwickeln« wird.

WICHTIG

Die Angaben auf den Honiggläsern wie »Auslese« oder »fermentreich« sind den meisten Käufern wohl unbekannt. Man weiß nicht, was sich hinter diesen speziellen, die Qualität beschreibenden Eigenschaften verbirgt. Im folgenden erhalten Sie deshalb eine kleine Übersicht über die wichtigsten Begriffe:

Auswahl/Auslese

Durch besondere Auswahl der Honige werden überdurchschnittliche äußere Eigenschaften wie Farbe, Aussehen, Konsistenz und Geschmack erreicht.

Kaltgeschleudert/mit natürlichem Fermentgehalt/wabenecht

Diese Angaben gelten bei besonders sorgfältiger Gewinnung, Lagerung und Abfüllung des Honigs. Anhand verschiedener Meßwerte (Enzymgehalte, HMF-Wert, Seite 21) können diese Bezeichnungen objektiv überprüft werden.

Fermentreich

Erreicht der Wert für das Enzym Saccharase einen bestimmten Wert, kann bei diesem Honig auf den hohen Enzymgehalt durch die Angabe »fermentreich« hingewiesen werden.

**Eine kleine
Warenkunde**

**Starkes Kan-
dieren ver-
hindern**
Die meisten Honigliebhaber bevorzugen streichfähigen oder cremigen Honig. Deshalb verhindert man mit Hilfe verschiedener Methoden, daß der Honig zu stark kandiert – selbstverständlich ohne chemische Hilfsstoffe. Die zwei wichtigsten Verfahren sind das Impfen und das Rühren.

Durch Impfen des noch flüssigen Honigs mit einer kleinen Menge eines feinkörnig kandierten Honigs wird erreicht, daß der beimpfte Honig ebenfalls feinkörnig kristallisiert. Rührt man den Honig, wenn er mit der Kristallisation beginnt, werden die großen Kristalle an den Kanten oder Rührstäben gebrochen und zerrieben. Der Honig wird vor dem endgültigen Festwerden abgefüllt und kandiert im Glas später feinkörnig nach.

Der fertige Honig

Die Temperatur im Abfüllraum sollte bei etwa 20 °C liegen, die des Honigs kann etwas höher sein. Je wärmer der Honig, um so bessere Fließeigenschaften besitzt er. Allerdings darf der Honig nicht so warm sein, daß die wertvollen Honigenzyme geschädigt werden.

**Immer unter
40 °C**

Die Qualität entscheidet

Honig ist zweifelsohne eines der naturbelassensten Lebensmittel überhaupt. Die Biene selbst trägt durch Zugabe von Enzymen und den Wasserentzug durch fleißiges Fächeln (Seite 14) erheblich zur Qualität eines Honigs bei, aber auch der Imker, der den Honig sehr sorgfältig ernten muß, bestimmt die Qualität.

Vertrauen ist gut, Kontrolle ist besser

Unter diesem Leitsatz stehen die gesetzlichen Qualitätsanforderungen an den Honig. Diese sind in Deutschland festgelegt in der Deutschen Honigverordnung und geben klare Richtlinien für die Beschaffenheit des verkehrsfähigen Honigs.

**Strenge
Richtlinien**
Noch strenger als die Honigverordnung definiert jedoch der Deutsche Imkerbund die Qualitätsanforderungen. Für die sogenannten Einheitsgläser des Deutschen Imkerbunds gelten noch strengere Richtlinien als die gesetzlichen Mindestanforderungen. Auch für die Honige aus dem

Reformhaus werden die Leitlinien des Imkerbunds zugrunde gelegt.
Wirklich hervorragende Arbeit leistet hier auch das Deutsche Honiginstitut, das seinen Sitz in Bremen hat.

Äußerliche Beschaffenheit

**Fachleute
testen die
Qualität**

Geschmack, Geruch und Konsistenz müssen sortentypisch sein. Ähnlich wie Weinkenner können Fachleute Honig mit ihren Sinnen testen
und die Qualität bestimmen. Selbstverständlich darf ein Honig auch
keine Fremdbestandteile enthalten. Mit Hilfe der Mikroskopie kann
die Reinheit überprüft werden.

Sortenbezeichnung

Stammt der Honig überwiegend von einer Pflanze, erreichen die Bienen also nur eine Pflanzenart, oder liegt ein Mischhonig vor? Handelt
es sich um einen deutschen oder ausländischen Honig? Mit Hilfe der
Pollenanalyse können diese Faktoren einwandfrei bestimmt werden.
Bei der Pollenanalyse werden die im Honig vorkommenden Pollen ge-
zählt. Kommen sie überwiegend von einer Pflanze – etwa von Raps,
Linde oder Akazie –, darf sich der Honig zum Beispiel Raps-, Linden-
oder Akazienhonig nennen.

**Rund 80 %
unseres
Honigs
kommen
aus dem
Ausland.
Alle Import-
honige un-
terliegen der
Deutschen
Honigver-
ordnung.**

Enzymgehalt

Wertvolle Enzyme Vor allem die Heilwirkungen des Honigs stehen im engen Zusammenhang mit seinem Enzymgehalt. Grundsätzlich gilt: Je enzymreicher ein Honig, um so wertvoller ist er. Die Enzyme sind sehr hitzeempfindlich. Ein hoher Enzymgehalt läßt daher auf größtmögliche Naturbelassenheit und schonende Gewinnung schließen.

Wärmebehandlung

Wie stark wärmegeschädigt ist ein Honig? Wurde er beim Schleudern, bei der Kristallisationsbehandlung oder beim Abfüllen durch übermäßige Wärmezufuhr geschädigt? Der Chemiker kann dies feststellen, indem er die Konzentration einer bestimmten Substanz im Honig – Hydroxymethylfurfural (HMF) – bestimmt, deren Gehalt um so höher ist, je stärker der Honig erhitzt wurde. Der HMF-Grenzwert ist in den Richtlinien des Deutschen Imkerbundes (15 mg/kg) niedriger als in der Honigverordnung (40 mg/kg).

Wassergehalt

Enthält der Honig zu viel Wasser, kann er gären und somit schnell verderben. Nach den in Deutschland geltenden Richtlinien darf deutscher Honig 20 % Wasser enthalten, ausgenommen Heidehonig, dem 23 % zugestanden werden. **Nicht zu viel Wasser**

Rückstände

Routinemäßig führt zum Beispiel die Stiftung Warentest Untersuchungen auf Rückstände im Honig durch. Auch das Deutsche Honiginstitut in Bremen hat sich dieser Aufgabe angenommen. Insgesamt betrachtet ist die Rückstandssituation bei Honig zufriedenstellend. Nur selten werden Grenzwerte überschritten. Dies hängt zu einem großen Teil damit zusammen, daß die Bienen sehr empfindlich gegenüber Giftstoffen in den Pflanzen reagieren.

Keine Keime in deutschem Honig ### Mikroorganismen und deren Gifte

Honig ist ein Naturprodukt, in das Erreger gelangen können. Infolge des sehr hohen Zuckergehalts des Honigs haben jedoch Bakterien wie

Salmonellen keine Vermehrungschance. Häufiger wird der Honig mit Vergiftungen durch das Gift von Clostridium botulinum in Zusammenhang gebracht, das den gefürchteten Botulismus (Lebensmittelvergiftung) hervorruft. Diese Erreger wurden in Honig, der in Deutschland im Verkehr ist, nicht nachgewiesen. Auch die registrierten Vergiftungsfälle konnten in keinem Fall eindeutig auf den Verzehr von Honig zurückgeführt werden.

Pflanzenschutzmittel

Bienen bringen normalerweise kein Gift mit in den Bienenstock.

Sind Pflanzen mit Pestiziden behandelt, fliegen die Bienen erfahrungsgemäß solche Pflanzen nicht an. Tun sie es trotzdem, verenden die Bienen meist schon, bevor sie den Bienenstock erreichen. Die Gifte gelangen somit gar nicht erst in den Honig (Seite 12)!
Ein weiterer natürlicher »Reinigungsschritt« findet in der Honigwabe statt. Bienenwachs, das Material aus dem die Biene ihre Waben fertigt, ist fettliebend (lipophil) und nimmt begierig fettlösliche Stoffe wie die meisten Pestizide auf. Selbst wenn also kleine Rückstände in den Stock gelangen sollten, konzentrieren sich diese auf das Wachs und nicht auf den Honig. In Untersuchungen konnte dies nachgewiesen werden.

Arzneimittel für Bienen

Diese werden zum Teil angewendet, um die gefürchtete Bienenseuche Varroatose, hervorgerufen durch die Varroamilbe, zu bekämpfen. Die Varroamilbe kommt nicht nur bei Zuchtbienen vor. Sie wurde erstmals 1904 auf Java nachgewiesen. Innerhalb der letzten 30 Jahre hat sie sich über ganz Eurasien, Nordafrika sowie Nord- und Südamerika verbreitet. Aufgrund zunehmender Erfolge bei der Züchtung von Bienenvöl-

Bienenarzneimittel werden kaum mehr eingesetzt

kern, die widerstandsfähig gegen die Varroamilbe sind, hat das Thema einiges an Brisanz verloren. Erfreulicherweise werden Bienenarzneimittel immer seltener eingesetzt.

Antibiotika

Antibiotika sind verboten

Der Einsatz von Antibiotika ist generell nicht erlaubt. Vereinzelt wurden Antibiotika gegen spezielle Bienenkrankheiten eingesetzt. Untersuchungen auf Antibiotika kamen in den letzten Jahren ausschließlich zu negativen Ergebnissen.

Schwermetalle

Giftige Schwermetalle sind vor allem an metallverarbeitenden Industriestandorten verbreitet. Deshalb sollten in solchen Regionen keine Bienen gezüchtet werden, deren Honig in den Verkauf gelangen soll. Gefährlich sind Blei, Cadmium und Quecksilber. Außerdem wird der Honig auch auf Eisen und Zink untersucht, die eventuell durch den falschen Gebrauch von Imkerwerkzeugen in den Honig gelangen können. Bedenkliche Schwermetallgehalte wurden bislang jedoch nicht gefunden!

Wachsmottenabwehrmittel

Die Wachsmotte ist ein gefährlicher Wabenschädling. Die Larven ernähren sich vom Wachs und den speziell in älteren Waben vorhandenen Puppenhäuten, Kot und Futterresten. Die Schmetterlinge fliegen von Mai bis September und können Krankheiten übertragen. Bekämpft wird die Motte mit Dichlorbenzol. In der Vergangenheit wurden größere Rückstände dieser Substanz vor allem in ausländischen Honigen gefunden. Der Importhandel hat daraufhin sofort reagiert. Da starke, gesunde, bau- und reinigungsfreudige Bienenvölker den Schädling in Schach halten können, zeigen aktuelle Proben so gut wie keine Rückstände mehr.

Starke Bienenvölker halten Wachsmotten in Schach

Radioaktivität

13 Jahre nach Tschernobyl ist die radioaktive Belastung bei Honigen kein Thema mehr. Da radioaktive Stoffe in den Blüten der Pflanzen nicht angesammelt werden und auch die Belastung der Böden heute in diesem Zusammenhang keine Rolle mehr spielt, gilt Honig als unbedenklich. Entsprechende Untersuchungen verschiedener Proben bestätigen dies.

Honignamen und -sorten

In vielen Supermärkten werden Honige angeboten, in Spezialgeschäften wie den Reformhäusern ist die Auswahl an Sorten riesig und vielleicht ein wenig verwirrend für den Neuling. Honig kann in seiner Farbe von weiß bis nahezu schwarz variieren, er kann klar oder trüb sein. Während einige Bezeichnungen eindeutig sind, lassen manche Namen keine klaren Schlüsse über Herkunft, Gewinnung, Geschmack oder Qualität zu. Honig ist zwar stets süß, die einzelnen Sorten können jedoch im Geschmack stark variieren – von sehr mild bis herb-würzig. Vielfältig sind auch Duft und Aroma.

Was sagt der Name des Honigs?

Weltweit gibt es über 100 Honigsorten, die sich nach verschiedenen Aspekten einordnen lassen.

Botanische Herkunft – die Tracht

Für den Honigkäufer und den Imker richtet sich die wichtigste Einteilung der Honige nach den von den Bienen besuchten Pflanzen. Die Fachleute sprechen von der Bienenweide oder der Tracht. Der Imker unterscheidet nach der gesammelten Nahrung, also zum Beispiel Nektar oder Honigtau (Seite 15). Honige, die überwiegend aus Nektar gewonnen werden, heißen *Blütenhonige,* Honige aus Honigtau *Honigtauhonige.*
Auch die Jahreszeit ist für den Imker interessant, hier unterscheidet er in Früh-, Sommer- und Spättracht.
Sind überwiegend bestimmte Trachtpflanzen angeflogen worden – der Imker nutzt hier, daß Bienen nicht gerne weite Strecken fliegen und deshalb die Pflanzen in der Nähe des Stocks besuchen –, wird der Honig zum *Sortenhonig.* Der Honig darf dann nach der jeweiligen Pflanze benannt werden, also zum Beispiel Akazienhonig, Heidehonig, Lindenhonig oder Rapshonig. Seine Herstellung erfordert die höchste Aufmerksamkeit des Imkers, da er sicherstellen muß, daß die Bienen den

Sortenhonig enthält nur eine Nektar- art

Löwenanteil des Nektars von einer bestimmten Pflanze sammeln, was durch die Nähe der gewünschten Pflanzen zum Bienenstock gewährleistet wird. Deshalb ist es am einfachsten, die Bienenvölker direkt an den Blühort der gewünschten Pflanze zu stellen. Besteht diese Möglichkeit nicht, muß der Imker genaue Kenntnisse über die Blühzeiten und die Dominanz bestimmter Arten haben, um einen Sortenhonig zu ernten. Man spricht von *Mischblütenhonig,* wenn die Bienen den Nektar von verschiedenen Pflanzenarten gesammelt haben.

Mischhonig setzt sich aus verschiedenen Honigsorten zusammen, er kann mit verschnittenem Wein verglichen werden. Aus verschiedenen Ernten wird ein einheitlicher Honig zusammengestellt, der bezüglich Geschmack und Beschaffenheit zu jeder Zeit gleich ist.

Auch die Biotope können für die Namensgebung wichtig sein, also zum Beispiel Obst-, Wiese-, Feld- oder Waldtracht.

Art der Gewinnung

Der *Schleuderhonig* wird in einer Zentrifuge aus den Waben geschleudert, die dann erneut verwendet werden. Dies ist die übliche Methode der Gewinnung, wobei die »kalte Schleuderung« heute allgemein üblich und selbstverständlich ist. Die Gewinnung eines sogenannten Seimhonigs durch Erhitzen der Waben ist ein Relikt der Vergangenheit!

Fliegen Bienen nur eine Pflanzensorte – wie die Sonnenblume – an, so produzieren sie Sortenhonig.

Beim *Wabenhonig* wird die reife, von Bienen frisch gebaute und verdeckte Honigwabe in Stücke geschnitten und verpackt.
Ein besonderer Leckerbissen ist Heidehonig in Waben, der sogenannte *Scheibenhonig*.

Beschaffenheit des Honigs

Klarer Honig ist relativ flüssig und befindet sich fast im gleichen Zustand wie im Bienenstock. Er wurde lediglich durch ein Tuch oder ein feines Maschensieb gefiltert, um ihn von allen Verunreinigungen zu befreien. Gelegentlich wird er erhitzt, um zu verhindern, daß der Zucker auskristallisiert. In der Regel hat klarer Honig eine zarte oder kräftige bernsteinähnliche Färbung, er kann aber auch dunkler bis nahezu schwarz gefärbt sein, je nach Art der Herkunft. So handelt es sich bei sehr dunklen Honigen in der Regel um Honigtauhonige aus Wäldern.
Cremiger Honig ist dick und milchig. Diesem körnigen Honig wurde ein Teil seiner Flüssigkeit entzogen. Die Farbpalette cremiger Honigsorten reicht von nahezu weiß bis zu cremefarben oder dunkelgelb.

Sortenkunde Honig

Neben den bekannten, häufig angebotenen Sorten sind hier auch einige exotische Honigsorten aus aller Welt aufgeführt. Diese Sorten werden von guten Honigfirmen beispielsweise im Reformhaus angeboten.

Akazienhonig kommt hauptsächlich aus Osteuropa. Er gehört zu den »süßen« Honigsorten.

Akazienhonig

Herkunft: vor allem Osteuropa.
Beschaffenheit/Geschmack: klarer Honig von blasser, heller, zart goldener Färbung mit dünner und flüssiger Konsistenz. Er stammt von stark duftenden Blüten und

schmeckt süßer als die meisten anderen Honigsorten.
Verwendung: kann aufgrund seines Geschmacks und seiner Konsistenz
praktisch für alle Speisen verwendet werden.

Buchweizenhonig

Herkunft: China, USA
Beschaffenheit/Geschmack: sehr dunkle, fast schwarze Farbe mit fester
Konsistenz. Der intensive Geschmack erinnert leicht an Melasse, das
Aroma ist scharf und erdig. Der Honig wird oft mit anderen Sorten ge-
mischt.
Verwendung: eignet sich für Weihnachtsgebäck und Lebkuchen.

Für jeden Geschmack etwas

Erdbeerkleehonig

Herkunft: Südaustralien
Beschaffenheit/Geschmack: außergewöhnlich blasse, cremeweiße Farbe
mit fester Konsistenz. Wegen dieser läßt er sich nur schwer verarbeiten.
Die Mühe wird jedoch mit einem süßen, butterartigen Geschmack be-
lohnt, der an Karamel erinnert.
Verwendung: Vor der Verarbeitung muß er erst aufgelöst werden. Er
eignet sich zum Süßen mancher Kuchen und schmeckt besonders
lecker auf Frühstücksbrötchen.

Eukalyptushonig

Herkunft: Australien
Beschaffenheit/Geschmack: klarer Honig mit relativ dunkler Farbe und
dünner bis mittlerer Konsistenz. Der charakteristische Geschmack
nach getrocknetem Harz und den frischen, strengen Aromen des aus-
tralischen Busches ist schwächer, als die Farbe es vermuten läßt.
Verwendung: eignet sich gut zum Süßen von Getränken und hilft gegen Erkältungskrankheiten.

Eukalyptushonig gegen Erkältungen

Griechischer Berghonig

Herkunft: Griechenland
Beschaffenheit/Geschmack: klarer bis dunkelbrauner Honig mittlerer
bis fester Konsistenz. Er schmeckt herrlich intensiv nach Kiefern und

Am besten
pur Kräutern und hat einen leichten »medizinischen« Beigeschmack. Der Honig duftet stark nach den Blumen und Kräutern des Mittelmeerraums.
Verwendung: läßt sich schwer verarbeiten und sollte auch aufgrund seines köstlichen Aromas pur verzehrt werden.

Heidehonig

Herkunft: Heidemoor, lichte Wälder Nord- und Osteuropas
Beschaffenheit/Geschmack: goldene Bernsteinfarbe mit rotem Unterton. Wegen seiner leicht gallertartigen Konsistenz ist der Honig fast streichfest. Er hat einen dezent süßen, leicht bitteren, grasigen Geschmack mit angenehmem Beigeschmack nach gebranntem Karamel.
Verwendung: schmeckt gut zu Pfannkuchen und Waffeln, auch zu Cremes, Parfaits, Saucen und Suppen.

Kanadischer Kleehonig

Herkunft: Kanada
Beschaffenheit/Geschmack: cremiger Honig, kräftig, sahnig weiß mit samtiger Beschaffenheit. Mittlere Konsistenz mit guter Streichfähigkeit. Für Obst und Obstsalat
Der Honig hat einen zarten Vanillegeschmack und duftet nach Bienenwachskerzen.
Verwendung: paßt zu Obst, Obstsalaten, Grill-Bananen und Gebäck.

Kastanienhonig

Herkunft: Französische Pyrenäen, Norditalien
Beschaffenheit/Geschmack: ansprechend dunkle rötlich-goldene Farbe mit ziemlich fester Konsistenz. Das intensive, nußartige Aroma von gerösteten Kastanien hat einen leicht bitteren Beigeschmack.
Verwendung: läßt sich schwer verarbeiten, paßt aufgrund seines nußartigen Aromas zu Gebäck und Fleischsaucen.

Kleehonig

Schmeckt
sehr süß Herkunft: Australien, Großbritannien, Neuseeland, USA
Beschaffenheit/Geschmack: klarer, manchmal etwas cremiger Honig mit zarter, heller Bernsteinfarbe und relativ dünnflüssiger Konsistenz.

Der sehr süße Honig duftet angenehm nach frisch gemähtem Heu.
Verwendung: sehr vielseitig verwendbar, paßt zu allen Desserts, zu
Waffeln, Pfannkuchen und direkt auf frische Brötchen.

Lavendelhonig

Herkunft: Mittelmeerländer, vorwiegend Provence
Beschaffenheit/Geschmack: zarte goldene Farbe mit mittlerer Konsistenz. Er schmeckt köstlich nach Lavendelblüten und ist relativ süß mit
einem leicht herben Nachgeschmack.
Verwendung: paßt besonders gut in Lavendelflan – eine Art Pudding –
und Parfaits, aber auch zu anderen Desserts und Getränken.

Leatherwood-Honig

Herkunft: Westküste Tasmaniens (Australien)

Für Desserts und Drinks

Beschaffenheit/Geschmack: klarer, bernsteinfarbener Honig mit mittlerer bis dünner Konsistenz. Der Honig hat ein blumiges Aroma und
einen stark parfümierten Geschmack.
Verwendung: geschmacklich sehr dominant, kann als alleiniger Geschmacksträger von Desserts und Drinks verwendet werden.

Der Laven-
delhonig
kommt
meist aus
Mittelmeer-
ländern.
Hauptliefe-
rant ist die
Provence. Er
schmeckt re-
lativ süß.

Lindenblütenhonig

Herkunft: Osteuropa, USA

Starkes Aroma Beschaffenheit/Geschmack: zarte Bernsteinfarbe mit einem grünen Beiton, flüssige Konsistenz. Starkes Aroma, kräftiger Geschmack.
Verwendung: sollte vorwiegend unverarbeitet verzehrt werden, paßt aber auch zu Bratäpfeln. Er eignet sich in Verbindung mit Lindenblütentee gut zur Behandlung von Erkältungskrankheiten.

Manukahonig

Herkunft: Neuseeland (neuseeländischer Teebaum)
Beschaffenheit/Geschmack: klarer Honig mit intensiver karamelbrauner Farbe, relativ feste, klebrige Konsistenz, ähnlich wie Heidehonig. Der einzigartige Geschmack erinnert an Medizin, ist leicht bitter mit einem Beigeschmack nach Karamel.   **»Medizinischer« Geschmack**
Verwendung: Geschmacklich sehr dominant, eignet sich weniger gut zum Süßen anderer Speisen. Wegen seiner starken antibakteriellen Wirkung hilft er gegen Magen- und Darmprobleme.

Orangenblütenhonig

Die gelben Rapsblüten locken zahlreiche Bienen an. Herkunft: Israel, Malta, Mexiko, Spanien, USA
Beschaffenheit/Geschmack: köstlich duftender, klarer Honig mit zarter Farbe und dünner bis mittlerer Konsistenz. Relativ süßer Geschmack mit intensivem Mandel- und Orangenschalenaroma.
Verwendung: für alle Obstspeisen, in Gebäck und hervorragend zum Glasieren von Fleischgerichten.

Rapshonig

Herkunft: Europa
Beschaffenheit/Geschmack: Cremiger Honig mit gelblich-weißer Farbe, sehr dünner, flüssiger Konsistenz und sehr süßem, sahnigem, leicht öligem Nachgeschmack. Der Honig wird oft mit anderen Sorten gemischt.

Verwendung: Rapshonig eignet sich besonders gut zum Aromatisieren von Suppen und Saucen.

Rosmarinhonig

Ein Honig mit Kräuteraroma

Herkunft: Mittelmeerraum
Beschaffenheit/Geschmack: klarer Kräuterhonig mit zartgoldener Farbe und fester, leicht gallertartiger Konsistenz, ähnlich wie Heidehonig. Er neigt zur Kristallisation. Der Geschmack ist süß und blumig mit Kräuteraroma.
Verwendung: schmeckt gut in Getränken und in süß-pikanten Gerichten, muß meist vor der Verarbeitung aufgelöst werden. Er verstärkt die kreislaufanregende Wirkung von Rosmarintee.

Sonnenblumenhonig

Herkunft: Europa
Beschaffenheit/Geschmack: cremiger Honig mit intensiv gelber Farbe und fester Konsistenz. Angenehm süßer, charakteristisch öliger und wachsartiger Geschmack.
Verwendung: schmeckt gut in Salatsaucen und in süß-pikanten Gemüsegerichten.

Thymianhonig

Herkunft: Griechische Berge, Provence
Beschaffenheit/Geschmack: klarer Honig mit dunkler Bernsteinfarbe und mittlerer Konsistenz. Der Honig schmeckt intensiv nach Kräutern und hat einen leicht bitteren Nachgeschmack.

Wirkt gegen Husten

Verwendung: schmeckt gut in Salaten und in Getränken. Eignet sich gut zur Behandlung von Erkältungskrankheiten, vor allem Husten.

Tupelohonig

Herkunft: Florida
Beschaffenheit/Geschmack: klarer Honig mit zartgoldener Farbe und sehr dünner, flüssiger Konsistenz. Sehr süßer Geschmack mit einem köstlichen, intensiv nach Frühlingsblüten duftenden Aroma.
Verwendung: sehr gut für alle Süßspeisen, Gebäck und Getränke.

Die Heilkraft von Honig, Pollen & Co.

Die Vielfalt an Inhaltsstoffen im Honig verblüfft nicht nur den Laien. Auch Honigforscher sind immer wieder davon fasziniert, daß so viele Naturstoffe – wie Vitamine, Mineralstoffe und Aminosäuren – in einem Lebensmittel vorkommen. Ihr Zusammenspiel bestimmt den gesundheitsfördernden Effekt des Honigs. Viele aus der Volksmedizin stammenden Heilwirkungen des Honigs sind mittlerweile wissenschaftlich bestätigt worden.

Auch die Bienenprodukte Propolis, Pollen und Gelée Royale enthalten zahlreiche gesundheitsfördernde Stoffe und werden deshalb als Nahrungsergänzungsmittel immer beliebter.

Honig – ein gesundes Nahrungsmittel

In vielen Büchern und Publikationen wird der Wert des Honigs mit der enormen Vielzahl an wertvollen Inhaltsstoffen begründet. Dieser Ansatz ist grundsätzlich richtig, birgt jedoch ein großes Mißverständnis, denn das **Mehr als die Summe seiner Teile** Ganze ist mehr als die Summe seiner Teile. Die einzelnen Inhaltsstoffe – Vitamine, Mineralstoffe, Aminosäuren und viele mehr – sind in der Tat notwendig für eine Vielzahl von Stoffwechselfunktionen. Betrachtet man die jeweiligen Einzelmengen, die im Honig vorkommen, so haben kritische Betrachter mit ihrer Behauptung durchaus recht, daß die wertvollen Stoffe zwar vielfältig vertreten sind, die Menge für die menschliche Ernährung jedoch unbedeutend ist. Dies gilt nicht für die Zuckerstoffe des Honigs, die bis zu 80 % des Gehaltes ausmachen.

Für die streng naturwissenschaftlich orientierten Wissenschaftler stellt Honig demnach nicht mehr **Nur eine Zuckerlösung?** als eine bessere Zuckerlösung dar. Allerdings ist die alleinige Betrachtung der Konzentrationen, also das quantitative Erfassen von Wirkstoffen, nicht immer sinnvoll. In der Homöopathie zum Beispiel kommt es nicht auf die Menge eines Stoffes an, sondern auf die »Heilinformation«, die er vermittelt. In der Homöopathie ist der Leitspruch »viel hilft viel« geradezu auf den Kopf gestellt. Je kleiner der Gehalt an Inhaltsstoffen ist, um so tiefer wirksam ist das Heilmittel.

Zudem würde kein renommierter Forscher die schädliche Wirkung selbst kleinster Schadstoffmengen oder radioaktiver Stoffe in Frage stellen. Umgekehrt können auch kleine Mengen von Wirkstoffen große positive Effekte erzielen. **Auch wenig kann viel helfen**

Die Inhaltsstoffe des Honigs

Neben den verschiedenen Zuckern wurden im Honig bisher insgesamt 180 Begleitstoffe nachgewiesen. Sie steuern biologische Abläufe im menschlichen Organismus und unterstützen den Stoffwechsel. Den natürlichen Gegebenheiten entsprechend, beispielsweise Klima, Bodenbeschaffenheit und Pflanzenvielfalt, unterscheiden sich die einzelnen Honigsorten sehr in ihrer Zusammensetzung.

DAS IST IM HONIG ENTHALTEN

DIE WICHTIG-STEN STOFF-GRUPPEN	IHRE AUFGABEN	IHRE VERTRETER
Aminosäure	Bausteine der Eiweiße	Alanin, Arginin, Asparaginsäure, Cystin, Glutaminsäure, Glycin, Histidin, Kohlenhydrate, Leucin/Isoleucin, Lysin, Phenylalanin, Prolin, Serin, Threonin, Valin
Aromastoffe	verleihen dem Nahrungsmittel Geruch und Geschmack	rund 200 verschiedene Aromastoffe
Eiweiße	Boten, Gerüst-, Abwehrstoffe	verschiedene Proteinarten
Enzyme (Fermente)	spalten beispielsweise Mehrfach- in Einfachzucker	Diastase, Glukoseoxidase, Katalase, Phosphatase, Saccharase (Invertase)
Inhibine (= Hemmstoffe)	wirken antibakteriell	Flavonoide, Glukoseoxidase, Wasserstoffperoxid und andere
Mineralstoffe	lebensnotwendige Bau- und Reglerstoffe	fast alle Mengen- und Spurenelemente in kleinen Mengen
Säuren	verleihen dem Nahrungsmittel Geschmack, fördern die Verdauung	Äpfel-, Citronen-, Glukon-, Milchsäure und andere
Vitamine	lebensnotwendig für den Stoffwechsel	fast alle Vitamine in kleinen Mengen
Zucker	Energielieferanten	Fruchtzucker, Rohr-/Rübenzucker, Traubenzucker und viele andere

Aminosäuren und Eiweiß

Lebensbausteine: Aminosäuren

Aminosäuren sind die Bausteine der Eiweiße, die wiederum für eine Vielzahl von Körperfunktionen (Immunsystem, Stoffwechsel) unentbehrlich sowie für den Aufbau von Organen und Gewebe verantwortlich sind. Typisch für Honig sind die sogenannten »freien Aminosäuren«, also solche, die nicht in einem Eiweiß gebunden sind. Erst im Körper werden sie zum Transport an Eiweiße gebunden. Sie sind zu ungefähr 1 g pro kg Honig vertreten.

Aminosäuren-Muster zeigt Herkunft an

Das Aminosäuren-Muster zeigt an, woher der Honig botanisch beziehungsweise regional abstammt. Besonders wichtig ist in diesem Zusammenhang die Aminosäure Prolin. Sie gibt Aufschluß über die Honigreife. Ein niedriger Prolingehalt ist ein Zeichen für unreif geernteten Honig und/oder für eine Zuckerfütterung der Bienen.

Auch Eiweiße sind im Honig vertreten, wenn auch nur in kleinen Mengen. Der Gehalt schwankt zwischen 0,2 und 2 %. Heidehonig ist der eiweißreichste Honig.

Aromastoffe

In einem wissenschaftlichen Honiglehrbuch sind 158 Aromastoffe aufgeführt, wobei diese Auflistung vom Autor als nicht voll-

ständig beschrieben wird. Vermutlich ist diese Vielfalt sinnlicher Geruchs- und Geschmackseindrücke der Grund für die enorme Wertschätzung des Honigs in den großen Hochkulturen und Religionen der Menschheit.

Ist der Prolingehalt im Honig niedrig, hat der Imker ihn zu früh aus den Waben entnommen.

Enzyme

Enzyme (Fermente) gehören chemisch betrachtet zu den Eiweißen. Sie sind biologisch aktiv und können zahlreiche Stoffe spalten, abbauen oder umwandeln. Ohne sie wäre Leben nicht denkbar. Der Wert eines Honigs wird in hohem Maß vom Enzymgehalt bestimmt. Eine starke Enzymaktivität im Honig zeigt seine Lebendigkeit und Naturbelassenheit an, denn durch Hitzeeinwirkung werden die empfindlichen Enzyme stark vermindert. Auch die Heilkräfte des Honigs, vor allem seine antibakterielle Wirkung, sind auf Enzyme, zum

Honig wirkt anti-bakteriell

Beispiel die Glukoseoxidase, zurückzuführen. Weitere Enzyme, die über die Qualität des Honigs entscheiden, sind die Diastase und die besonders empfindliche Saccharase (Invertase). Honige, die besonders enzymreich sind, dürfen als enzym- oder fermentreich gekennzeichnet werden.

Inhibine (Hemmstoffe)

Einige Enzyme bilden beispielsweise aus Zucker die Inhibine, die bei der gesundheitlichen Wirkung des Honigs eine große Rolle spielen. So verwandelt zum Beispiel die Glukoseoxidase Glukose in Gegenwart von Sauerstoff unter anderem in Wasserstoffperoxid, eine keimtötende Substanz. Zu den Inhibinen zählen auch die sogenannten Flavonoide (flavus = gelb), die im Honig enthaltenen Farbstoffe. Sie gehören zu den sogenannten sekundären Pflanzenstoffen, von denen man auch Tannine und ätherische Öle im Honig findet. In der Vergangenheit führten die sekundären Pflanzenstoffe in den Ernährungswissenschaften eher ein Schattendasein. Viele Studien der letzten Jahre zeigen, daß sie viele gesundheitsfördernde Wirkungen besitzen. Sie wirken zum Beispiel antioxidativ, das heißt, sie bekämpfen die sogenannten freien Radikale, die unter anderem

Sekundäre Pflanzenstoffe für die Gesundheit

als Krebsauslöser verantwortlich gemacht werden. Außerdem hemmen die sekundären Pflanzenstoffe die Entstehung von Krebszellen. Inwieweit ihre Konzentration im Honig ausreicht, diese Schutzwirkungen zu entfalten, ist noch offen.

Mineralstoffe

Auch für die Mineralstoffe gilt, daß sie im Honig zwar in großer Vielfalt, jedoch in kleinen Mengen vertreten sind. Die Mineralstoffe stammen von den Honigrohstoffen, also vom Honigtau oder vom Nektar. Honigtauhonige enthalten mehr Mineralstoffe (400 bis 1000 mg/kg) als Blütenhonige (ungefähr 100 mg/kg). Mengenmäßig am stärksten vertreten ist das Kalium, das für die Nervenreizleitung und die Aufrechterhaltung des osmotischen Drucks in der Zelle benötigt wird. Kalium bindet Wasser innerhalb der Zelle. Außerdem wirkt es in der Niere entwässernd.

Honig enthält viel Kalium

Säuren

Honig enthält kleine Mengen verschiedener schwacher Säuren, die auch im menschlichen Körper natürlicherweise gebildet werden, beispielsweise Glukon-, Essig-, Butter-, Milch- und Zitronensäure. Säuren fördern die Ver-

Milchsäure fördert die Verdauung

dauung. Speziell die Milchsäuren regulieren die Darmflora.

Vitamine

Honig enthält zwar einige Vitamine, ihn aus diesem Grund als vitaminreich oder gar als nennenswerten Vitaminlieferanten zu bezeichen, ist sachlich nicht richtig. In ihrer Begeisterung für den Honig schießen manche Autoren weit übers Ziel hinaus, wenn sie den Vitaminreichtum des Honigs betonen. Eine solche mißverständliche Darstellung sollte man bei einem überaus wertvollen Lebens- und Genußmittel wie Honig meiden.

Wasser

Mengenmäßig nach den Zuckern steht beim Honig das Wasser an zweiter Stelle. Laut Honigverordnung und Deutschem Imkerbund ist nur ein bestimmter Wassergehalt, der zwischen 16 und in Ausnahmefällen bis zu 23 % (Heidehonige) liegt, zulässig.

Strenge Werte für den Wassergehalt Bei der Wassergehaltsbestimmung gibt der Imkerbund wie auch bei vielen anderen Qualitätsmerkmalen deutlich strengere Grenzwerte vor. Ein hoher Wassergehalt ist ein Zeichen für unreif geernteten Honig, der noch gären kann.

Zucker

Mengenmäßig am stärksten im Honig vertreten sind die verschiedenen Zuckerarten. Unter den 24 verschiedenen Zuckerarten dominieren der Fruchtzucker (Fruktose) – zwischen 33 und 42 % – und der Traubenzucker (Glukose) – 27 bis 36 %. Fruktose und Glukose entstehen bei der enzymatischen Spaltung des Zweifachzuckers Saccharose (unser Haushaltszucker) durch das bieneneigene Enzym Saccharase (Invertase). Das nach der enzymatischen Spaltung der Saccharose in Fruktose und Glukose entstehende Gemisch nennt man Invertzucker. Kein anderes natürliches Süßungsmittel enthält eine vergleichbar große Menge an Invertzucker wie der Honig. Bei einem nicht wärmegeschädigten Honig ist das Enzym Invertase auch während der Lagerung weiter aktiv und spaltet die im Honig enthaltene Saccharose weiter auf. Dies führt zum sogenannten »Absetzen« des Honigs: Die kristallisierten Glukosemoleküle setzen sich am Boden ab, die Fruktose reichert sich in der oberen, flüssigen Phase an.

Zucker wird gespalten

Honig liefert Energie

Honigverbot für Diabetiker?

Honig in Maßen erlaubt

Für Diabetiker war der Honig lange Zeit absolut tabu. Doch die im Honig enthaltene Fruktose findet sich als sogenannter Zuckeraustauschstoff in sehr vielen speziellen Diabetikererzeugnissen. Im Gegensatz zum Haushaltszucker erhöht sie den Blutzuckerspiegel nicht. Nach den neuen Diabetesrichtlinien darf der Diabetiker durchaus kleine Mengen Honig – maximal 25 bis 30 g pro Tag – naschen. Besonders günstig sind für den Diabetiker flüssige Honige, die erfahrungsgemäß einen höheren Fruktoseanteil haben, also Akazienhonig, Edelkastanienhonig und Robinienhonig. Die Betonung liegt jedoch auf kleinen Mengen, denn nach wie vor gilt, daß der Honig aufgrund des hohen Traubenzuckeranteils den Blutzuckerspiegel sehr schnell in die Höhe treibt.

Schnelle Energie für Sportler

Was für den Diabetiker eher von Nachteil ist, bringt den Sportler zur Höchstleistung. Honig ist als schneller Energieträger ein ideales Süßungsmittel für das Müsli und ergänzt die langsamer vom Blut aufgenommenen Kohlenhydrate des Vollkorngetreides optimal. Auch ein Vollkornbrötchen mit Honig liefert Energie für die nächsten Stunden. Ein Teelöffel Honig auf 100 ml Käuter- oder Früchtetee ist übrigens genau die Menge, mit der man sich ein Sportlergetränk preiswert selbst mixen kann! Es liefert Energie und ist wohlschmeckend. Außerdem kann es heiß und kalt getrunken werden.

Kalter Früchte- oder Kräutertee mit etwas Honig ist ein ideales Erfrischungsgetränk beim Sport.

Apfelessig mit Honig

Ein natürliches Energiegetränk ist auch eine Mischung von Wasser, Apfelessig und Honig. Diese Rezeptur geht zurück auf den amerikanischen Landarzt Dr. Jarvis. Er hatte beobachtet, daß die Einwohner des Bundesstaates Vermont diesen Trank zur Vorbeugung, aber auch Behandlung von Krankheiten täglich dreimal zu den Mahlzeiten einnahmen. Das Grundrezept ist einfach:

1 Glas lauwarmes Wasser
2 TL Apfelessig
2 TL flüssigen Honig
▶ Die Zutaten miteinander vermischen – fertig!

Honig zum Abnehmen?

Der Energiegehalt gehört zu den wichtigsten ernährungswissenschaftlichen Faktoren. Da Honig zu rund 80 % aus Zucker besteht, liegt sein Brennwert bei ungefähr 320 kcal in 100 g. Mit einem Löffel Honig (zwischen 5 und 10 g) nimmt man also im Durchschnitt 20 bis 40 kcal auf. Bleibt es beim sparsamen Einsatz des Honigs, ist diese Menge selbst im Rahmen einer kalorienarmen Ernährung durchaus vertretbar. Selbst bei der klassischen Saftfastenkur wird Honig gerne zum Süßen von Früchte- und Kräutertee verwendet.

Karies: pro und contra Honig

Bei zuckerhaltigen Nahrungsmitteln werden besonders die Zahnärzte hellhörig. Fast alle Zuckerarten werden von Bakterien, die sich im Mund befinden, zu Säuren vergärt. Diese Säuren greifen den Zahnschmelz an und verursachen Karies. Es ist eine weit verbreitete Ansicht, daß der »klebrige« Honig besonders schlecht für die Zähne sei. Ganz anderer Meinung sind hier Honigfachleute. Sie haben entdeckt, daß antibakteriell wirkende Stoffe im Honig, die Inhibine (Seite 37), die wichtigsten Karieserreger hemmen. Wie bei vielen Ernährungsthemen tobt auch hier noch ein Meinungsstreit der verschiedenen Fachrichtungen.

WICHTIG

Babys im ersten Lebensjahr darf kein Honig gegeben werden, da ihre Darmflora noch nicht stabil ist und es in seltenen Fällen zum lebensbedrohenden Säuglingsbotulismus, einer Form der Lebensmittelvergiftung, kommen kann. Außerdem kann Honig das Allergierisiko erhöhen. Für alle übrigen Altersgruppen ist er jedoch sehr gut geeignet.

Honig kann das Bakterienwachstum im Mund stoppen. Trotzdem heißt es auch hier: Nach dem Genuß unbedingt Zähne putzen!

Es spricht allerdings vieles dafür, daß der Honig tatsächlich das Bakterienwachstum stoppt. Trotzdem sollte der Honig nicht zu lange mit den Zähnen in Kontakt kommen. Auf jeden Fall sollten Sie nach dem Genuß von Honig unbedingt die Zähne putzen.

Ideal für die Vollwerternährung

Ein Fazit hinsichtlich der Bedeutung des Honigs in der Ernährung können wir klar und eindeutig ziehen: Es gibt kaum ein naturbelasseneres Lebensmittel als Honig. Aus der Vollwerternährung, in der die Naturbelassenheit oberster Qualitätsmaßstab ist, ist der Honig als alterna-

Alternatives Süßungsmittel

tives Süßungsmittel nicht wegzudenken. Er entspricht nahezu vollständig den wichtigsten Grundsätzen der Vollwerternährung wie:
● Bevorzugung naturbelassener Lebensmittel,
● Vermeidung von Nahrungsmitteln mit Zusatzstoffen,
● Bevorzugung von Erzeugnissen aus regionaler Herkunft und entsprechend der Jahreszeit.
Für jeden gesundheitsbewußten Feinschmecker stellt die Sortenvielfalt des Honigs eine wahre Fundgrube für raffinierte Geschmacksnuancen dar. Wird der Honig sparsam in der Küche eingesetzt, ist er ein schneller und gesunder Energielieferant. Auch Diätbewußte müssen keinesfalls auf Honig verzichten.

Mit Honig heilen

Honig ist vielfältig einsetzbar

In der Volksmedizin wird Honig schon seit einigen tausend Jahren verwendet. Der Vielfalt seiner Inhaltsstoffe entsprechend, wurde Honig gegen viele Krankheiten eingesetzt. Die Volksmedizin beschreibt für den Honig eine enorme Anzahl von Anwendungsgebieten, von denen viele bei kritischer Betrachtung jedoch nicht aufrechterhalten werden können. Einige Heilwirkungen des Honigs konnten aber in wissenschaftlichen Studien bestätigt werden.

Die wichtigsten Anwendungsgebiete des »Heilmittels Honig« sind Erkältungskrankheiten, entzündliche Magen- und Darm-Erkrankungen sowie kleine Wunden und äußere Verletzungen. Hinweise für eine günstige Wirkung gibt es aber auch für den Bereich Herz-Kreislauf.

Husten, Schnupfen, Heiserkeit – Honig hilft

Honig lindert Husten

Schon der berühmte Arzt Hippokrates verordnete bei Bronchitis Kuhmilch mit Honig. Bei Lungen- und Brustfellentzündung empfahl er täglich dreimal Schleimsuppe mit Honig.

Sicher war damit zwar nur in seltenen Fällen eine spontane Heilung zu erzielen. Hippokrates wußte aber, daß der Honig den Hustenreiz lindert, die Atmung deutlich erleichtert und auswurffördernd wirkt.

Warme Milch mit Honig

Das bekannteste Hausmittel gegen Erkältungskrankheiten ist ohne Zweifel »Heiße Milch mit Honig«. Achten Sie aber darauf, nicht heiße, sondern warme Milch zu verwenden. Denn schon ab 40 °C werden die für die antibakterielle Wirkung des Honigs verantwortlichen Enzyme zerstört. Natürlich können Sie statt der Milch auch warmen Tee mit Honig trinken. Doch vor allem Kinder mögen normalerweise lieber die Milch.

Warme Milch mit Honig statt »heißer«

Bei Halsentzündungen hilft eine Kombination von Honig mit Zitronensaft:

1 bis 2 TL Zitronensaft
150 ml warmes Wasser
1 TL flüssiger Honig
▶ Die Zutaten verrühren und schluckweise trinken.

Honig zum Inhalieren

Bei Bronchitis- und Asthmapatienten wurden erstaunliche Therapieerfolge mit einer Inhalation von Honigaerosolen erzielt. Hierzu wird der Honig, gelöst in warmem Wasser, in einem handelsüblichen Inhalator vernebelt, das heißt, man atmet extrem kleine Honigtropfen ein. Zusätzlich sollte man sechsmal täglich 1 Teelöffel voll Honig im Mund wirken lassen, bis der Honig völlig zergangen ist. Die Wirkstoffe werden bei beiden Methoden über die Schleimhaut aufgenommen und gelangen so über den Blutkreislauf in die Atemwege.
Über 400 Patienten mit chronischer Bronchitis waren nach 40tägiger Inhalationstherapie

Erst heißen Tee ohne, dann abgekühlten mit Honig trinken.

> **TIP!**
> Bei Erkältungskrankheiten gehört der Honig auch wegen seiner medizinischen Wirkung in die Hausapotheke. Sie können Honig in Tees und Frischpflanzensäfte geben und Hustensäfte selbst herstellen (siehe Seite 44). Doch beachten Sie bitte, daß Kinder bis zu einem Jahr wegen der Gefahr eines Säuglingsbotulismus oder einer Allergie keinen Honig bekommen dürfen (siehe Seite 40)! Älteren Kindern dürfen Sie Honig jedoch jederzeit geben.

völlig beschwerdefrei. Auch bei Asthmatikern zeigten sich erstaunliche Besserungen. Selbstverständlich kann eine solche Therapie keinesfalls die Notfallmedikation bei einem Asthmaanfall ersetzen. Sie kann aber durchaus unterstützend durchgeführt werden.

Notfallmedizin nicht absetzen

Tees mit Honig

Zur Basisbehandlung jeder Erkältung gehört es, reichlich warme Flüssigkeit zu trinken. Damit löst sich der festsitzende Schleim in den Atemwegen, das Atmen wird erheblich erleichtert. Die Wärme unterstützt das Immunsystem bei der Abwehr von Viren und Bakterien. In der Tabelle auf Seite 44 finden Sie die wichtigsten Teezubereitungen bei Erkältung auf einen Blick.

TEEZUBEREITUNGEN BEI ERKÄLTUNGSKRANKHEITEN

	HEILPFLANZE	WIRKUNG	ZUBEREITUNG
ZUM SCHWITZEN	Holunder-, Lindenblüten	schweißtreibend	1 EL mit 150 ml heißem Wasser aufgießen, 5 bis 10 Min. ziehen lassen
BRONCHIALHUSTEN	Thymiankraut; gut geeignet für Kinder	auswurffördernd, krampflösend	1 TL mit 150 ml heißem Wasser aufgießen, 5 bis 10 Min. ziehen lassen
	Fenchel-, Anisfrüchte; gut geeignet für Kinder	auswurffördernd, krampflösend	1 TL mit 150 ml heißem Wasser aufgießen, 5 bis 10 Min. ziehen lassen; die Früchte vorher anquetschen
	Süßholzwurzel	schleimverflüssigend, auswurffördernd	1 TL mit 150 ml heißem Wasser aufgießen, 5 bis 10 Min. ziehen lassen
REIZHUSTEN	Wollblumenblüten	reizlindernd, auswurffördernd	1 EL mit rund 200 ml kochendem Wasser aufgießen, 15 Min. ziehen lassen
	Eibischwurzel	reizlindernd	1 EL in 200 ml kaltem (!) Wasser 2 bis 3 Std. ziehen lassen, abfiltern; dann den Tee auf Trinktemperatur erwärmen
	Huflattichblätter	reizlindernd	1 TL mit 150 ml heißem Wasser aufgießen, 10 Min. ziehen lassen
	Spitzwegerichkraut	reizlindernd, antibakteriell	1 TL mit 150 ml heißem Wasser aufgießen, 10 Min. ziehen lassen

Gegen Keuchhusten

Der Keuchhusten ist eine akute Infektionskrankheit der Atemwege. Eine ärztliche Behandlung ist daher absolut notwendig. Unterstützend können Sie Thymiantee (Zubereitung Tabelle Seite 44) oder -saft mit Honig einsetzen.

Gegen Reizhusten

Reizhusten ist ein Husten, bei dem die Schleimhäute im Hals- und Rachenraum gereizt sind, wodurch ein andauernder Hustenreiz ausgelöst wird. Hilfreich und wohltuend sind Pflanzen, die Schleimstoffe enthalten wie Eibischwurzel, Huflattichblätter und Spitzwegerichblätter.

Pflanzen mit Schleimstoffen helfen

Pflanzensäfte mit Honig

Wesentlich wirkstoffreicher als Tees, bei denen infolge der Trocknung etliche Wirkstoffe verlorengehen, sind Frischpflanzensäfte,

FRISCHPFLANZENSÄFTE BEI ERKÄLTUNG

	HEILPFLANZE	WIRKUNG
HEISERKEIT	Huflattich	reizmildernd
	Salbei (zum Gurgeln)	antibakteriell, entzündungshemmend
	Spitzwegerich	reizmildernd, antibakteriell
HUSTEN	Fenchel	schleimlösend, auswurffördernd
	Huflattich	reizmildernd, abschwellend
	Schwarzrettich	antibakteriell
KEUCH-HUSTEN	Thymian	krampflösend in Bronchien, auswurffördernd, antibakteriell

die man in Reformhaus oder Apotheke kaufen kann. Für Frischpflanzensäfte werden die frischen Pflanzen gepreßt und dann einem schonenden Erhitzungsverfahren unterworfen.

In der Tabelle auf Seite 45 sind die bei Erkältung hilfreichen Frischpflanzensäfte aufgelistet.

Wenn Magen und Darm zwicken

Bei Magen- und Darmbeschwerden

Auch bei entzündlichen Magen- und Darm-Erkrankungen gelten Honigzubereitungen – in Tees oder Frischpflanzensaft – als äußerst hilfreich. Schließlich wirkt Honig gegen eine Vielzahl von Bakterien und Pilzen.

▶ Geben Sie 1 TL Honig Ihrer Wahl in 150 ml auf eine angenehme Trinktemperatur abgekühlten Tee.

Magengeschwüre

Ein Honig scheint sogar gegen den überaus widerstandsfähigen und hartnäckigen Erreger von Magengeschwüren – Helicobacter pylori – wirksam zu sein. Im Laborversuch wurde Manukahonig, ein vom neuseeländischen Teebaum stammender Honig, zu einer Erregerkultur gegeben. Während andere Honige keinerlei Hemmwirkung zeigten, reagierte Helicobacter auf Manuka

sehr empfindlich. Dem Labortest entsprechende Konzentrationen könnten mühelos im menschlichen Magen erreicht werden, etwa durch 1/2 Teelöffel Honig auf nüchternen Magen.

Es bleibt abzuwarten, ob der Manukahonig auch die klinische Prüfung besteht. Der Einsatz von Honig bei Magen- und Darmverstimmungen ist auf jeden Fall sinnvoll und hat sich bereits vielfach bewährt.

Manuka-honig gegen Magen-geschwüre

Darmbeschwerden, Durchfall

Die antibakteriellen Wirkungen des Honigs sollten Sie bei Darmproblemen insbesondere mit Durchfällen nutzen. In einer Studie an 169 Patienten mit bakteriell verursachten Durchfällen konnte die Krankheitsdauer bei Honigbehandlung verglichen mit einer herkömmlichen Therapie wesentlich verkürzt werden.

In der Naturheilkunde sind gerbstoffreiche Tees bei Durchfall das Mittel der Wahl. Gerbstoffe verledern die Darmschleimhäute und bremsen die erhöhte Flüssigkeitsabgabe in den Darm. Der Ersatz von Flüssigkeit ist wichtig, um ein Austrocknen des Körpers zu verhindern. Der Honig im Tee ist doppelt sinnvoll. Zum einen wirkt er antibakteriell und somit gegen die Erreger des Durchfalls.

Honig stoppt Durchfall

HEILPFLANZEN GEGEN MAGEN-DARM-ERKRANKUNGEN

	HEILPFLANZE	WIRKUNG	ZUBEREITUNG
MAGENVERSTIMMUNG, GASTRITIS	Kamillenblüten	entzündungshemmend, antibakteriell	1 gehäufter EL mit 150 ml heißem Wasser aufgießen, nach 5 bis 10 Min. abseihen
	Leinsamen	reizmildernd, fördert die Ausscheidung schädlicher Stoffe	1 Filterbeutel Leinsamen mit heißem Wasser aufgießen, genau 10 Min. ziehen lassen
	Pfefferminzblätter	krampflösend, gegen Blähungen, galletreibend	1 TL Pfefferminzblätter und 1/2 TL Kamillenblüten mit 150 ml heißem Wasser aufgießen, 10 Min. ziehen lassen
	Süßholzwurzel	krampflösend	1 TL mit 150 ml heißem Wasser aufgießen, 5 bis 10 Min. ziehen lassen
DURCHFALL	Gänsefingerkraut	stoppt Durchfall	1 TL mit 150 ml heißem Wasser aufgießen
	Grüner Tee	stoppt Durchfall	1 gehäufter TL mit 150 ml heißem Wasser aufgießen, 15 Min. ziehen lassen

PFLANZENSÄFTE

MAGENBESCHWERDEN
- Bärlauch ➤ regt Magen- und Darmdrüsen an
- Fenchel ➤ gegen Blähungen, beruhigt die Verdauungsorgane
- Kartoffel ➤ gegen Magenübersäuerung
- Kamille ➤ krampflösend, magenberuhigend, entzündungshemmend
- Melisse ➤ gegen Blähungen, beruhigend
- Schafgarbe ➤ krampflösend, regt Magensaftabsonderung an
- Wermut ➤ regt Magensaftabsonderung an

DURCHFALL
- Gänsefingerkraut ➤ stoppt Durchfall

WICHTIG

Gerbstoffreiche Tees sollten bei Durchfall über den Tag verteilt getrunken werden. Geben Sie jeweils 1 Teelöffel Honig hinzu.

Zum zweiten beschleunigen die im Honig enthaltenen Zuckerarten die Aufnahme von Mineralstoffen im Darm. Da auch die Mineralstoffe vermehrt ausgeschwemmt werden, sollten Sie parallel eine basische Mineralstoffmischung einnehmen. Ihr Apotheker wird Sie dazu sicher gerne beraten!

Den Arzt aufsuchen! Dauern die Durchfälle aber länger als drei bis vier Tage an, müssen Sie dringend einen Arzt aufsuchen, besonders wenn zusätzlich Fieber auftritt!

Auch bei Magenerkrankungen sind wirkstoffreiche Frischpflanzensäfte mit Honig sinnvoll einzusetzen.

▶ Erhitzen Sie die Frischpflanzensäfte leicht bis auf 40 °C. Geben Sie auf 30 ml Frischpflanzensaft 1/2 Teelöffel Honig Ihrer Wahl dazu.

In der Tabelle auf Seite 47 sind Eigenschaften und Zubereitungen der bei Magenbeschwerden hilfreichen Heilpflanzentees und Frischpflanzensäfte aufgeführt.

Wunden heilen

Es ist wissenschaftlich belegt, daß Honig zahlreiche Krankheitserreger hemmt und damit die Basis für die Wundheilung bildet. Selbst großflächige Wunden werden nach Behandlung mit Honig innerhalb von drei bis sechs Tagen bakteriologisch völlig steril. Bei infizierten, schwer heilenden Wunden sowie bei Furunkeln und Karbunkeln fördert Honig die Abstoßung toter Gewebeteile und aktiviert die Neubildung gesunder Zellen, die zur Vernarbung führt. Auch bei Schürfwunden und leichten Verbrennungen hat es sich bewährt, Honig aufzutragen. Die entscheidenden Wirkstoffe sind die Inhibine (Hemmstoffe) des Honigs. Dazu zählt beispielsweise Wasserstoffperoxid, aber auch andere Substanzen. Besonders empfehlenswert zur Wundbehandlung sind die inhibinreichen Honigtauhonige (Seite 15 und 37). Bei der Wundbehandlung können Sie den Honig entweder pur oder in Verbindung mit Heilpflanzenzubereitungen auftragen. Bei der reinen Honiganwendung tragen Sie eine dünne Schicht Honig auf und lassen ihn an der Luft lackartig austrocknen. Nach anfänglichem Brennen lindert er Schmerzen und Entzündung.

Honig beschleunigt Narbenbildung

Honig kühlt die Wunde

Eine ideale Mischung

Die folgenden Heilpflanzen können Sie mit Honig sinnvoll kombinieren, da sie ebenfalls entzündungshemmend, wundheilend und zum Teil antibakteriell wirken:
Besonders wirkungsvoll bei Verbrennungen ist das Rotöl, eine Zubereitung aus Johanniskrautblüten und -blättern.
1 TL Rotöl
1 TL Tannenhonig
▶ Die Zutaten miteinander verrühren.

Honig mit Rotöl mischen
▶ Die Mischung mehrmals täglich auf die verletzte Stelle auftragen. Vorher muß die verbrühte beziehungsweise verbrannte Körperstelle einige Minuten mit kaltem Wasser übergossen werden!
Kamille wirkt aufgrund spezieller Wirkstoffe im ätherischen Kamillenöl stark entzündungshemmend. Kamillenumschläge helfen daher bei nahezu allen entzündlichen Hautveränderungen. Für eine entzündungshemmende Salbe benötigen Sie
1 TL Kamillentropfen (Tinktur) oder

WICHTIG
Bitte gehen Sie bei größeren Verletzungen immer sofort zu einem Arzt!

1 TL Kamillenöl
1 TL Tannenhonig
▶ Die Zutaten vermischen.
▶ Die Salbe sollte direkt verbraucht werden, da sie sich nicht mehrere Tage hält.

Für ein starkes Herz

In der Volksmedizin hat Honig einen hohen Stellenwert, wenn es um die Stärkung von Herz und Kreislauf geht. Bereiten Sie einen Tee Ihrer Wahl zu (Seite 50), lassen Sie ihn auf eine angenehme Trinktemperatur abkühlen und geben Sie jeweils 1 Teelöffel Honig Ihrer Wahl hinein. Für eine Herz- und Kreislaufkur sind Frischpflanzensäfte mit Honig wirkungsvoll (Seite 50). Erhitzen Sie diese leicht bis auf 40 °C und geben auf 30 ml Saft 1/2 Teelöffel Honig.

Kur für Herz und Kreislauf

Gegen zu hohe Cholesterinwerte hilft vor allem Bärlauch. Er senkt den Cholesterin- sowie Triglyzeridspiegel und baut somit einer Arteriosklerose vor.
Bei dieser Zivilisationserkrankung kommt es zur Ablagerung von Cholesterin und anderen Stoffen, die zu einer Verengung der Blutgefäße und damit zu einer Mangeldurchblutung führt. Herzinfarkt, Schlaganfall oder das »Raucherbein« können die Folge sein.

Gegen zu hohen Cholesterinspiegel

HEILPFLANZEN FÜR EIN STARKES HERZ

HEILPFLANZE	WIRKUNG	ZUBEREITUNG
Weißdorn- blüten, -blätter, -früchte	erhöhen die Schlagkraft des Herzens; verbessern die Sauer- stoffversorgung des Herzmuskels, wirken gegen nervöse Herz- beschwerden	1 TL mit 150 ml kochendem Was- ser aufgießen, 15 Min. ziehen lassen
Rosmarin- blätter	regen den Kreislauf an (gute Alternative zum Kaffee)	1 TL mit 150 ml heißem Wasser aufgießen, 5 Min. ziehen lassen
Buchweizen- kraut	erhält die Gefäßelastizität, ver- hindert die Brüchigkeit der kleinen Blutgefäße, fördert die Durch- blutung, stärkt die Venen	1 TL mit 150 ml Wasser aufgießen, 5 Min. aufkochen oder 10 Min. ziehen lassen
Mistelkraut	erhält die Gefäßelastizität, senkt den Blutdruck leicht	1 TL mit 150 ml kaltem Wasser übergießen, bei Zimmertempe- ratur 10 Std. ziehen lassen; nach dem Abfiltern leicht erwärmen

FRISCHPFLANZENSÄFTE

Bärlauch	➤ beugt der Arteriosklerose vor
Baldrian	➤ beruhigt, lindert nervöse Herzbeschwerden
Knoblauch	➤ beugt der Arteriosklerose vor
Mistel	➤ erhält die Gefäßelastizität, senkt den Blutdruck leicht
Rosmarin	➤ regt den Kreislauf an
Weißdorn	➤ stärkt das Herz, steigert Schlagkraft und Durchblutung

Bienenprodukte rund um den Honig

Bienen, die Natur-apotheker

Die Biene produziert nicht nur das Heilmittel Honig. Als kleine Naturapotheker erzeugen oder sammeln sie auch andere Naturarzneimittel mit außerordentlichen medizinischen Wirkungen. Die Apitherapie beschäftigt sich mit der Verwendung aller Bienenprodukte zu Heilzwecken. Dazu gehören neben dem Honig auch die Blütenpollen, das Gelée Royale und Propolis.

Blütenpollen

Auf ihren Sammelausflügen bleiben etliche Pollen – die männlichen Keimzellen blühender Pflanzen – der pflanzlichen Nektarlieferanten am Körper der Biene kleben. Für die Bienen sind **Pollen als Stärkungs-mittel** die Pollen ein wichtiges Nahrungsmittel. Sie decken damit ihren Eiweißbedarf. Die Blütenpollen werden dem Futter der Bienenlarven zugefügt und von Jungbienen gefressen.

Im Vergleich mit Honig findet man im Pollen deutlich mehr Eiweiß und ungesättigte Fettsäuren. Des weiteren enthält Pollen Zuckerstoffe, Vitamine, Mineralstoffe und Spurenelemente sowie Enzyme, Hormone, Wachstumsstoffe und natürliche Antibiotika. Wegen seiner Zusammensetzung aus hochwertigen Nähr- und lebenswichtigen Vitalstoffen wurde der Pollen schon im Altertum mitsamt den Waben und dem darin befindlichen Honig als Kräftigungsmittel geschätzt und als haltbarer Proviant auf langen Reisen mitgeführt. In unserem Jahrhundert beschäftigt man sich seit Anfang der 50er Jahre mit dem gesundheitlichen Wert des Pollens für den Menschen. Inzwischen gibt es zahlreiche positive Berichte über den Pollen als Nahrungsergänzung und als Heilmittel.

Die Pollen werden vom Imker mit Hilfe sogenannter Pollenfallen geerntet. Dies sind gitterartige Fenster, durch die die Bienen schlüpfen müssen, um in den Stock zu gelangen. Bei der Passage werden die Pollen abgestreift und in Kästen aufgefangen.

Ernte mit Pollenfallen

Pollen – Apotheke des Imkers

Die Blütenpollen sind je nach Pollenart, Herkunft und Erntezeitpunkt sehr unterschiedlich

Die Biene transportiert den gesammelten Pollen mit Hilfe der Pollenkörbchen in den Bienenstock.

zusammengesetzt. Sie besitzen zum Teil eine erstaunliche gesundheitsfördernde Wirkung. Als wissenschaftlich abgesichert gelten der kräftigende, aufbauende (= roborierende), der immunstärkende sowie der vor allem bei Kindern und älteren Menschen appetitanregende Effekt. Auch eine positive Wirkung bei der gutartigen Prostatavergrößerung, der sogenannten benignen Prostatahyperplasie, ist zumindest für Roggenpollen nachgewiesen.

Ausreichend dosierte und mikrofein aufgeschlossene Pollenpräparate sind beispielsweise in Reformhäusern erhältlich. Dort berät man Sie sicher gern! Es empfiehlt sich, 15 bis 20 g pro Tag einzunehmen.

Vorsicht bei Allergien

Wenn Sie zu Allergien neigen, insbesondere Heuschnupfen, sollten Sie mit den Pollen eher vorsichtig umgehen. Die Empfehlung, Blütenpollen vorbeugend im Herbst und Winter einzunehmen, um im Frühjahr gegen die Pollenschwärme gewappnet zu sein, war in Einzelfällen erfolgreich. Dennoch ist das Risiko einer starken allergischen Reaktion gegeben. Sprechen Sie sich daher mit einem naturheilkundlich orientierten Arzt ab.

Vorsicht bei Allergien!

Gelée Royale

Eine ganz besondere Nahrung bildet das sagenumwobene Gelée

Royale. Werden Bienenlarven mit diesem Saft gefüttert, entwickeln sie sich zur Königin. Die besondere Wertschätzung für das Gelée Royale wird deutlich, wenn man den Bienenstaat näher betrachtet und sich der Bedeutung dieses königlichen Futters bewußt wird.

Königliches Futter

Die Arbeiterin entwickelt sich aus einem befruchteten Ei

Ein Bienenvolk besteht aus einer Königin, 1000 bis 2000 Drohnen und im Durchschnitt 40.000 bis 60.000 Arbeiterinnen. Die Arbeitsbienen leben 30 bis 45 Tage und sind für alle wichtigen Arbeiten wie Wabenbau, Nektarsammeln und die Aufzucht der Larven zuständig. Sie produzieren das Gelée Royale, das sie zwischen dem fünften und 14. Tag ihres Lebens in ihren Schlunddrüsen absondern.

Die Drohnen leben im Durchschnitt drei Monate. Ihre einzige Funktion ist die Befruchtung der Königin. Sie schwärmen den ganzen Tag auf der Suche nach jungen Königinnen, um sich im Hochzeitsflug mit ihnen zu paaren. Da sie unfähig sind, sich selbst zu ernähren, bekommen sie im Frühjahr und Sommer eine Honignahrung von den Arbeiterinnen. Im Herbst werden sie aus dem Stock vertrieben (»Drohnenschlacht«) und sterben an Hunger und Kälte.

Drohnen entstehen aus nicht befruchteten Eiern

Bienenköniginnen wachsen in speziellen, eigens für die Aufzucht der Königin erbauten Zellen heran. Sie leben bis zu fünf Jahre. Ihre einzige biologische Funktion ist die Fortpflanzung. Die Königin legt in der Hauptlegezeit 2000 bis 4000 Eier und garantiert allein das Überleben ihres Bienenvolkes!

Der Schlüssel zum Geheimnis dieser enormen Vitalität ist Gelée Royale. Es ist die einzige Nahrung
– aller Larven des Bienenstaates vom Schlüpfen bis zum dritten Lebenstag,
– der Königinnenlarven bis zu ihrem fünften Lebenstag,
– der Königin während ihres ganzen Lebens.

Futter entscheidet über die Position im Staat

Heranwachsende Königinnen erhalten nur Gelée Royale, Arbeiterinnen ab dem vierten Tag zusätzlich Honig und Pollen. Nur infolge der Fütterung mit Gelée Royale bilden sich bei der Königin alle Geschlechtshormone. Dagegen fehlen ihr »Werkzeuge« einer Arbeiterin wie Pollenkörbchen.

Vielfalt an Vitalstoffen

Warum wächst eine Königinnenlarve, die zwei Tage länger Gelée Royale erhält als eine Arbeiterinnenlarve, um mehr als das Doppelte? Warum lebt die Königin bis zu fünf Jahre statt nur 45

Tage? Die Antwort liefern die im Gelée Royale zahlreich enthaltenen Vitalstoffe.

Es ist verständlich, daß sowohl Imker als auch Wissenschaftler bemüht waren und sind, dem Geheimnis von Gelée Royale auf die Spur zu kommen. Viele Forscher, Ärzte und Apotheker, die sich mit Gelee Royale beschäftigen, kommen angesichts der Fülle an Inhaltsstoffen ins Schwärmen. Betrachtet man nüchterne Laboranalysen, so entdeckt man eine ungeheure Vielzahl an Vitalstoffen, die der menschliche Organismus täglich benötigt. Zwar sind diese essentiellen (lebens- und zufuhrnotwendigen) Substanzen wie Vitamine, bestimmte Aminosäuren und Mineralstoffe auch in anderen Lebensmitteln enthalten, doch nicht in dieser Vielfalt. Zudem vermutet man, daß auch noch nicht identifizierte Stoffe im Gelée Royale eine wichtige Rolle spielen.

Enthält zahlreiche Vitalstoffe

Trotz aller Bemühungen entzieht sich ein Rest von mindestens 3 % der Trockensubstanz noch jedem analytischen Nachweis. Auch die Aufklärung des entscheidenden Wirkprinzips ist noch offen. Gelée Royale ist und bleibt: »Das Geheimnis der Bienen für mehr Leistungskraft.«

Gelée Royale für den Menschen

Überträgt man die Eigenschaften von Gelée Royale auf den Menschen, so stellt der kostbare Saft sicher nicht das Wundermittel

Kein Wundermittel

Die Königin (mit Kennzeichnung) ist das einzige eierlegende Weibchen im Bienenvolk. Sie wird im Gegensatz zur Arbeiterin nur mit Gelée Royale gefüttert.

Vielfältige Effekte

schlechthin dar. Die folgenden Effekte sind aber erfahrungsmedizinisch belegt. Gelée Royale

- gibt Energie und Vitalität,
- regt den Appetit an, besonders bei Kindern und älteren Menschen,
- erhöht den Wert der Nahrung,
- fördert die Sauerstoffaufnahme in den Muskeln und im Gewebe und steigert so die physische und psychische Leistungsfähigkeit,
- baut in Regenerationsphasen auf,
- hebt das allgemeine Wohlbefinden,
- unterstützt die Widerstandsfähigkeit bei Müdigkeit und Kälte und
- dient zur innerlichen und äußerlichen Hautpflege.

Aussehen und Geschmack

Aussehen und Geschmack von Gelée Royale wurden bereits von vielen Autoren beschrieben. Allen Beschreibungen gemeinsam ist die Betonung des säuerlichen, brennenden Geschmacks. Der Gelée-Royale-Entdecker Schwammerdamm schrieb:

Säuerlicher, brennender Geschmack

»Gelée Royale erinnert an gekochte Stärke, deren Geschmack leicht säuerlich ist.« Eine andere Beschreibung eines Gelee-Royale-Forschers bezieht auch das Aussehen mit ein: »Die Nahrung der Königinnenlarven ist ein weißbräunlicher, zähflüssiger Pflanzenschleim, welcher an ein leicht gezuckertes, mariniertes Ragout erinnert, das einen leicht säuerlichen und etwas brennenden Geschmack hat.«

Gewinnung von Gelée Royale und Produkte

Die Gewinnung von Gelée Royale ist sehr aufwendig. Daher sind Gelée-Royale-Erzeugnisse nicht billig. Um Gelée Royale in größeren Mengen zu ernten, baut der Imker eine Königinnenzucht auf. Zu diesem Zweck stellt er einen Rahmen mit künstlichen Zellen (Wachsschälchen) in den Bienenstock, in die man Arbeiterinnen einbringt, die von den Zuchtbienen als Königinnenlarven akzeptiert werden. Infolge dieses »Tricks« versorgen die Zuchtbienen die jungen Larven reichlich mit Gelée Royale. Nach drei Tagen wird der Zellenrahmen aus dem Stock entnommen, da zu diesem Zeitpunkt Gelée Royale am reichlichsten vorhanden und von besonders guter Qualität ist. Die Larven werden aus den Wachsschälchen entfernt. Das Gelée Royale, das sich auf dem Boden der Schälchen befindet, wird abgesaugt. Das so gewonnene Gelée Royale pur wird auch als natives Gelée Royale bezeichnet. Natives Gelée Royale wird

Durch einen Trick zum Gelée Royale

gekühlt als Stärkungs- und Nahrungsergänzungsmittel in Apotheken und Reformhäusern angeboten. Zum Teil wird Gelée Royale auch in alkoholischen Arzneiformen, zum Beispiel in Tonika alleine oder mit anderen Naturstoffen, verkauft. Sehr praktisch sind Kapseln mit gefriergetrocknetem Gelée Royale. Das Gefriertrocknungsverfahren ist sehr schonend. Das native Gelée Royale wird dabei hochkonzentriert. Eine Kapsel mit 200 mg gefriergetrocknetem Gelée Royale entspricht 600 mg purer Substanz.

Gelée Royale in Kapseln

Propolis is besonders zu empfehlen

- gegen Infektionen, vor allem Erkältungskrankheiten,
- gegen Mundgeschwüre (Aphthen),
- gegen Zahnfleischentzündungen,
- zur Stärkung des Immunsystems,
- gegen Pilzerkrankungen und
- zur allgemeinen Vitalisierung.

Propolis

Propolis, das Kittharz der Bienen, ist ein Gemisch von Wachs, Pflanzenfarbstoffen und Abbauprodukten der Pflanzenzellen. Es dient den Bienen zum Glätten von Unebenheiten, Ausfüllen von Ritzen und Spalten, Desinfizieren der Wabenzellen, Mumifizieren von eingedrungenen getöteten Feinden, Errichten von Vorbauten sowie zum Verkleinern der Fluglöcher vor Wintereinbruch.

Gegen viele Erreger

Als Propolisquellen nutzen die Bienen die klebrigen Harzüberzüge verschiedener Laub- und Nadelbäume. In der Natur bietet dieses Harz Schutz vor dem Befall von Mikroorganismen wie Bakterien, Viren, Pilzen. Genau diese stark keimhemmende Wirkung von Propolis ist auch für den Menschen interessant.

In allen Teilen der Welt wird Propolis seit Jahrhunderten in der Volksmedizin verwendet. Viele Infektionskrankheiten und Störungen des Zellstoffwechsels sind mit Propolis behandelt worden. Tausende von Laienberichten über den Erfolg einer Propolistherapie sind erschienen. Auch die Fachliteratur ist inzwischen voll von Hinweisen auf die heilenden und vitalisierenden Eigenschaften. Am besten untersucht und eindeutig erwiesen ist das breite Spektrum der keimwidri-

Propolis in der Volksmedizin

gen Eigenschaften von Propolis. Es wehrt eine Vielzahl von Viren, Bakterien- und Pilzstämmen ab.

Natürliches Aspirin

Als Hauptwirkstoffe von Propolis gelten die Flavonoide. Lange Zeit wurde nach einem Angriffspunkt im Stoffwechselgeschehen gesucht, der die vielseitigen Wirkungen der Flavonoide erklären konnte. Heute weiß man, daß Flavonoide die Synthese bestimmter Gewebshormone – Prostaglandine – hemmen, die bei überschüssiger Bildung allergische, entzündliche und schmerzhafte Reaktionen im Körper verursachen. Das bekannteste Medikament aller Zeiten – die Azetylsalizylsäure oder Aspirin – wirkt durch Hemmung der schmerzauslösenden Prostaglandine. Daher kann man die Flavonoide auch als »natürliches Aspirin« bezeichnen. Mit der Blockade der Prostaglandin-Synthese läßt sich auch die lokal betäubende Wirkung von Propolis bei Zahnschmerzen oder Insektenstichen erklären.

Hemmt Prostaglandin-Synthese

Gewinnung und Qualität

Das harzige Propolis klebt auf verschiedenen Holzteilen des Bienenstocks wie Rähmchen und Einflugbrettern. Hier »erntet« der Imker mit dem Messer auch das Propolis. Frisch geerntetes Propolis ist eine braune, krümelige, sehr klebrige Masse, die einen angenehmen aromatischen Duft verbreitet. Das beim Abkratzen gewonnene Propolis ist mehr oder weniger verunreinigt und muß folglich sorgfältig gereinigt werden. Dies gilt vor allem dann, wenn Propolis zu medizinischen Zwecken verwendet werden soll. Für ein qualitativ hochwertiges Produkt muß die Wirkstoffkonzentration im Propolis festgestellt und auf einen gleichbleibenden Gehalt eingestellt (standardisiert) werden. Da Propolis ein Naturprodukt ist, sind Schwankungen in einem bestimmten Bereich erlaubt.

Der berühmte Propolisforscher K. Lund Aagaard hat ein Verfahren entwickelt, hochgereinigtes Propolis in gleichbleibend hoher Qualität zu gewinnen. Grundlage dieses patentierten Verfahrens ist die Mischung von Propolis aus verschiedenen Vegetationsgebieten. Dabei wird besonderer Wert darauf gelegt, biologisch besonders aktive Flavonoide in möglichst großer Menge anzureichern. Propolis wird in vielen Darreichungsformen, zum Beispiel in Dragees oder als Salben, in Apotheken und Reformhäusern angeboten.

Die Qualität entscheidet

Honig: purer Genuß

Honig ist mehr als nur ein köstlicher Brotaufstrich fürs Frühstück. Dank seiner zahlreichen Aromen wie süß-fruchtig, mild-lieblich oder herb-würzig setzen Sie mit der Wahl des Honigs Akzente in Ihrer Küche. Die Skala der Honigsorten geht durch das ganze Alphabet von Akazien-, Eukalyptus- und Rosmarin-, über Sonnenblumen- bis Thymianhonig – für jeden Geschmack ist etwas dabei. Im folgenden Kapitel bieten wir Ihnen einige Anregungen für die »Honig-Küche«: Vorspeisen, Hauptgerichte, Desserts, Drinks und Kuchen – viel Spaß beim Ausprobieren!

Honig – die feine Note in der Küche

Gesünder als Zucker

Aromatischer als Zucker und gesünder, gibt Honig vielen Gerichten den richtigen Kick, zart schmelzend in Parfaits oder in Eiscreme, hochprozentig wärmend in Punsch, raffiniert zu Gemüse, interessant zu Fleisch und Fisch, köstlich in Salatdressings, erfrischend in Kinderlimonaden, und und und …

Heller Honig hat in der Regel eine mildere Süße, dunkler Honig besitzt einen eher herben und würzigen Geschmack.

In den nachfolgenden Rezepten wurde bewußt auf die Angabe eines bestimmten Honigs verzichtet. Orientieren Sie sich bitte an der Beschreibung der Honigsorten ab Seite 26 und entscheiden Sie dann selbst, welchen Honig Sie für das jeweilige Gericht auswählen möchten.

Raffinierte Drinks mit Honig

Honig zum Trinken

Ob Met – dem Getränk der alten Germanen –, Kräuter-Honig-Likör aus mittelalterlichen Klöstern, Honigbier von afrikanischen Stämmen, traditioneller Grog auf den Inseln, Fitneß-

drinks für Sportler bei Wettkämpfen oder Limonade für Kindergeburtstage – köstliche Getränke aus oder mit Honig haben in vielen Kulturen eine lange, jahrhundertealte Tradition.

Met, der Trank der Götter

Lange bevor die Menschen Wein aus Trauben machten, stellten Sie durch Vergären von Honig ein weinähnliches Getränk – Met – her. Met hat einen kräftigen, süßlichen Geschmack, vergleichbar mit Spätlesen oder dem italienischen Vino Santo. Er schmeckt gut gekühlt besonders im Sommer und eignet sich auch als Dessertwein. Es gibt auch trockene Metsorten, sie enthalten mehr Alkohol und erinnern leicht an trockenen Sherry.

Met – Getränk der Germanen

In alten Schriften spricht man Met unterschiedliche Wirkungen, auch Heilwirkungen zu. So wird er gegen Appetitlosigkeit, schlechten Schlaf, schwache Nierenfunktion und zur Herzstärkung empfohlen. Pfarrer Kneipp schrieb: »… Honigwein wirkt lösend, reinigend, anregend und stärkend. Besonders den Fiebernden ist er ein wahres Labsal.«

Altes Met-Rezept aus England

So machen Sie Met selber

Für 15 Gläser à 200 ml
1,5 kg Blütenhonig
6 l Wasser
Gewürze nach Belieben – Zimt, Ingwer, Gewürznelken oder Muskat (ganz)
ungefähr 15 g Hefe (Würfel)

1 Honig mit Wasser in einen großen Topf geben und zum Kochen bringen.
2 Die Gewürze zugeben.
3 Die Flüssigkeit auf die Hälfte einkochen lassen.
4 Die Flüssigkeit in Tontöpfe umfüllen und abkühlen lassen.
5 Die Hefe zufügen.

Kleines »Honig-Küchen-Einmaleins«

In vielen Rezepten können Sie Zucker durch Honig ersetzen, meist in einem Mengenverhältnis von 1 : 1, eventuell etwas weniger. Aber probieren Sie es selbst, über Geschmack läßt sich bekanntlich schlecht streiten.

Kaufen Sie nur qualitativ hochwertigen Honig (siehe Seite 19). Er sollte kühl, jedoch nicht im Kühlschrank aufbewahrt werden und stets verschlossen sein, da er leicht fremdes Aroma annimmt. Zu festen Honig können Sie problemlos in einem warmen – nicht heißen – Wasserbad leicht erwärmen oder zum Backen, zu Desserts und Obstsalaten in wenig warmem Wasser auflösen.

Nicht im Kühlschrank aufbewahren

Geben Sie Honig möglichst an das fertige Gericht. So verhindern Sie, daß beim Kochen seine wertvollen Inhaltsstoffe zerstört werden. Beim Backen verliert er einen Teil dieser Stoffe, doch als Geschmacksträger und aufgrund seiner auch enthaltenen B-Vitamine bleibt er dennoch wertvoller als Zucker.

Das Abwiegen beziehungsweise Abmessen der richtigen Honigmenge ist nicht einfach, als grobe Richtlinie gilt: 1 Teelöffel entspricht einer Menge von bis zu 10 g und 1 Eßlöffel von bis zu 20 g. Wenn Sie größere Mengen abwiegen müssen, stellen Sie das Honigglas auf die Waage und registrieren die entnommene Menge. Honig schmeckt besonders gut zu zarten Gewürzen wie Vanille, Zimt, Nelken, auch in Verbindung mit Nüssen und in Kombination mit leicht säuerlichen Früchten wie Äpfel, Ananas, Pfirsich und Bananen.

6 Die Mischung an lichtgeschütz-
tem Ort zugedeckt gären lassen.
7 Nach abgeschlossener Gärung
(25 bis 30 Tage) die Flüssigkeit
abseihen und in Flaschen füllen.
8 Nach einigen Monaten kann
der Met getrunken werden.

Heißes und Kaltes mit Honig

Ingwertee mit Aprikosen

Für 4 Portionen
1 Zitrone
4 Trockenaprikosen
1 Sück Ingwerwurzel
3 EL flüssiger, milder Honig
1 l schwarzer Tee

Etwas ganz Besonderes

1 Die Zitrone auspressen.
2 Trockenaprikosen und Ingwerwurzel kleinschneiden.
3 Die Früchte ungefähr 2 Stunden in Zitronensaft und Honig
marinieren. Dann mit heißem
Schwarztee aufgießen.

Heiße Schokolade

Für 4 große Gläser
1 l Milch
1 Tafel Zartbitterschokolade
1 EL löslichen Kaffee oder 2 kleine fertige Tassen Espresso
1 Prise echte Vanille
2 EL milder Honig

1 Die Milch erhitzen. Die Schokolade darin schmelzen.

2 Den löslichen Kaffee oder den
Espresso, die Vanille und den Honig zugeben.
3 Die Schokolade heiß servieren.

Glühwein

Für 4 große Gläser
1/2 l kräftiger Rotwein
4 Gewürznelken
1 Sternanis
1 Zimtstange
Schale 1 unbehandelten Zitrone
1/2 l Orangensaft
4 EL aromatischer Honig

Von links nach rechts: Hagebutten-punsch, heiße Scho-kolade und Ingwertee.

1 Den Rotwein in einen Topf gießen und erhitzen.
2 Die Gewürze in einen Teefilter oder ein kleines Baumwollsäckchen geben.
3 Das Gewürzsäckchen einige Minuten mit dem Rotwein mitkochen lassen, dann wieder entfernen.
4 Orangensaft, Zitronenschale und Honig zu dem heißen Rotwein dazugeben.
5 Den Glühwein heiß servieren.

Hagebuttenpunsch

So kann auch Apfeltee zubereitet werden

Für 4 große Gläser
1 l Hagebuttentee
Schale von 1 unbehandelten Orange
4 EL fruchtiger Honig

1 Den Hagebuttentee mit der Orangenschale kochen.
2 Den Tee abgießen und mit Honig süßen.
3 Den Punsch heiß servieren.

Honig-Limonade

Für ungefähr 3 bis 4 Liter
250 g flüssiger Honig
150 ml Zitronensaft
Mineralwasser mit Kohlensäure

Für heiße Tage

1 Alle Zutaten miteinander vermischen.
2 Die Limonade gut gekühlt servieren.

Kefirdrink mit Möhren

Für 4 kleine Gläser
500 ml Kefir
1 Schuß Buttermilch
2 kleine Möhren
1 Prise Ingwerpulver
1 EL milder Honig

1 Kefir mit Buttermilch verrühren.
2 Die Möhren grob raspeln und zum Kefir geben.
3 Das Getränk mit Ingwer und Honig würzen.

Sanddorn-Flip

Für 4 große Gläser
etwa 800 ml Milch
100 ml Kokosmilch
8 EL Sanddorn-Vollfrucht (aus dem Reformhaus)
2 EL milder Honig

Milch und Honig: ideale Kombination

1 Alle Zutaten verquirlen.
2 Das Getränk kühl servieren.

Mandelmich

Für 4 große Gläser
500 ml Milch
400 ml Pfirsichnektar
2 EL Mandelmus
1 Prise echte Vanille
1 bis 2 EL fruchtiger Honig

1 Alle Zutaten verrühren.
2 Die Milch kühl servieren.

Frühstück mit Honig

Am liebsten wird Honig natürlich zum Frühstück gegessen. Es ist auch ein wunderbares Geschmackserlebnis, seinen persönlichen Lieblingshonig auf einem noch ofenwarmen knackigen Brötchen, das mit frischer Butter bestrichen ist, zu genießen! Doch auch für Müslis und Porridge eignet er sich vorzüglich. Und wenn es mal schnell gehen soll, ist ein Glas lauwarmes Honigwasser oder ein Joghurt mit Honig beträufelt immer noch ein guter Start in den Tag.

Honig für einen guten Start

Feinschmeckermüsli

Für 2 Portionen
6 getrocknete Feigen
250 g Joghurt
1 Prise Zimt
2 TL milder, flüssiger Honig
6 EL leicht angeröstete grobe Haferflocken
1 EL leicht angeröstete grobgehackte Haselnüsse
1 geriebener Apfel
2 EL leicht angeschlagene Sahne

1 Die Feigen kleinschneiden.
2 Alle Zutaten miteinander vermengen.
3 Zum Schluß die geschlagene Sahne unterziehen.

Von links nach rechts: Kefirdrink, Fruchtshake und Mandelmilch

Fruchtshake

Für 4 große Gläser
600 bis 800 ml Buttermilch
300 g Früchte (Bananen, Himbeeren oder ähnliche)
1 Prise echte Vanille
3 EL fruchtiger Honig

1 Die Buttermilch mit den Früchten pürieren.
2 Die echte Vanille dazugeben.
3 Milch mit Honig süßen.
4 Das Fruchtshake gut gekühlt servieren.

Möhrenmüsli zur Verdauung

Honig mal
kräftig ...

Für 2 Portionen
300 g Möhren
1/2 Orange
2 EL flüssige Sahne
1 EL fruchtiger Honig
2 EL goldgelbe Leinsaat
1 Prise Koriander

1 Möhren fein reiben.
2 Die Orange auspressen.
3 Die Möhren mit Orangensaft, Sahne, Honig, Koriander und Leinsaat vermengen.

Porridge – very british

Für 2 Portionen
200 ml Wasser
200 ml Milch
1 Prise Meersalz
80 bis 100 g grobe Haferflocken
1 Apfel
2 EL kräftiger, würziger Honig
8 EL kalte Sahne

1 Wasser, Milch und Salz erhitzen.
2 Dann die Haferflocken ungefähr 20 Minuten darin quellen lassen.
3 Den Apfel reiben und zu den Haferflocken geben.
4 Den Porridge mit Honig nach Belieben süßen und anschließend in Schälchen füllen.

... und mal
britisch

5 Zum Schluß die Sahne über den Porridge geben.

Brioche zum Frühstück

Für 10 Stück
250 g Weizenmehl Typ 1050
1/2 Päckchen Trockenhefe
3 EL flüssiger, milder Honig
1 Ei
2 Eigelb
1 Prise Meersalz
80 g zerlassene Butter
Zum Bestreichen:
1 Eigelb
4 EL Sahne
Papierförmchen für Brioche

1 Mehl mit Hefe, Honig, Ei, Eigelben, Salz und zerlassener Butter zu einem glatten Hefeteig zuerst verrühren und anschließend verkneten.

Die Arbeit
lohnt sich

2 Den Teig etwa 1 Stunde zugedeckt gehen lassen.
3 Dann den Teig nochmals durchkneten.
4 Eine dicke Rolle und eine dünnere Rolle formen.
5 Jeweils 10 Stücke abschneiden und aus jedem Teigstück eine Kugel formen.
6 Jeweils zuerst die größere Kugel in ein gefettetes Förmchen setzen. Mit Eigelb-Sahnegemisch betupfen.
7 Dann jeweils die kleinere Kugel darauf setzen, andrücken und mit Ei-Sahnegemisch ganz bestreichen.
8 Im vorgeheizten Backofen bei 175 °C etwa 20 Minuten backen.

Salate und Vorspeisen

Honig ist die Zutat, die Herkömmliches zu etwas Besonderem macht. Da die Vorspeise den Ton für ein ganzes Menü angibt, sollte man sich nicht nur auf »normale« Salate verlassen. Verfeinern Sie eine Vinaigrette mit **Salatsaucen verfeinern** aromatischem Honig, oder machen Sie Möhren zu einer kulinarischen Besonderheit. Auch Chicoréesalat wird durch ein Honigdressing perfekt abgerundet.

Feldsalat mit Nußdressing

Für 4 Portionen
200 g Feldsalat
15 Walnüsse
3 EL Balsamicoessig
1 TL Senf
1 TL aromatischer Honig
6 EL kaltgepreßtes Nußöl
Meersalz
schwarzer Pfeffer

1 Den Feldsalat putzen, waschen und gut abtropfen lassen.
2 In einem Mörser 5 Walnüsse zerstoßen, mit Essig, Senf, Honig, Öl, Salz und Pfeffer verrühren.
3 Den Feldsalat mit der Salatsauce anmachen und anrichten.
Dazu paßt **4** Die restlichen Walnüsse grob **Vollkorn-** zerkleinern und über den Salat **baguette** streuen.

Möhrenfrischkost mit Avocadodressing

Für 4 Portionen
600 g Möhren
1 Stück Ingwerwurzel
1 Prise Koriander
1 Avocado
2 EL flüssige Sahne
1 EL Erdnußmus
2 EL milder Honig
1/2 Zitrone
schwarzer Pfeffer
Meersalz
2 EL Sonnenblumenkerne, leicht angeröstet
4 Salatblätter

1 Die Möhren grob reiben.
2 Ingwer und Koriander kleinhacken und anschließend mit den grob geriebenen Möhren vermischen.
3 Die Zitrone auspressen.
4 Die Avocado schälen, mit Sahne, Erdnußmus, Honig, Zitronensaft, Pfeffer und Meersalz pürieren.
5 Alle Zutaten miteinander vermischen.
6 Die Avocado-Möhren-Mischung ungefähr 10 Minuten durchziehen lassen.
7 Zum Schluß die leicht angerösteten Sonnenblumenkerne untermischen.
8 Die Möhren-Avocado-Frischkost auf Salatblätter geben und direkt servieren.

Weißkohlsalat mit Honig-Senf-Vinaigrette

Auch gut als Vorspeise

Für 4 Portionen
1 kleiner Weißkohlkopf
2 unbehandelte Orangen
4 EL flüssiger, milder Honig
1 EL scharfer Senf
schwarzer Pfeffer
Meersalz
2 EL kaltgepreßtes Haselnußöl

1 Den Kohl vierteln und den Strunk entfernen.
2 Den Kohl in schmale Streifen schneiden, in kochendem Wasser ungefähr 1 Minute blanchieren.
3 Eine Orange auspressen. Von der anderen Orange die Schale gut abtrennen und in dünne Scheiben schneiden.
4 Aus Honig, Senf, Pfeffer, Salz, Öl und dem Orangensaft eine Vinaigrette herstellen.
5 Die Vinaigrette über den Kohl geben, alles gut vermischen und ungefähr 15 Minuten durchziehen lassen.
6 Mit Orangenscheiben garnieren.

Endiviensalat mit Honig-Ziegenkäse

Für 4 Portionen
1 Kopf Endiviensalat
4 Tomaten
4 EL Balsamicoessig
4 EL Sonnenblumenöl

Meersalz
schwarzer Pfeffer
5 TL milder Honig
1/2 Knoblauchzehe
2 EL Sonnenblumenkerne
4 kleine Taler Ziegenfrischkäse
oder 4 Ecken Ziegencamembert
(je 30 bis 50 g)
etwas Thymian
4 Scheiben Vollkorntoast

1 Endiviensalat putzen, waschen, in feine Streifen schneiden.
2 Die Tomaten achteln, entkernen, in kleine Würfel schneiden.
3 Aus Essig, Öl, Salz, Pfeffer, 1 TL Honig und der halben zerdrückten Knoblauchzehe eine Sauce herstellen.
4 Die Sauce mit dem Endiviensalat und den gewürfelten Tomaten vermengen.

Endiviensalat mit Honig-Ziegenkäse – ideal für Gäste.

5 Die Sonnenblumenkerne ohne Fett kurz anrösten.

6 Ziegenkäse oder Ziegencamembert mit je 1 TL Honig beträufeln beziehungsweise bestreichen.

7 Thymian auf den Käse streuen.

8 Den Käse kurz bei 225 °C überbacken.

9 Vollkorntoast toasten.

10 Den gratinierten Käse mit Sonnenblumenkernen bestreuen und sofort zusammen mit dem Toast servieren.

Suppen
Rote Linsensuppe

Deftiges für kalte Wintertage

8 Trockenaprikosen
1 mittelgroße Zwiebel
30 g Reformhausmargarine
1 l Gemüsebrühe aus Extrakt
200 g rote Linsen
Meersalz
Weißweinessig
2 EL Crème fraîche
1 EL flüssiger Honig
1 Prise Delifruit
1/2 Bund glatte Petersilie
1 unbehandelte Orange
zum Garnieren: 4 Blätter glatte Petersilie

1 Trockenaprikosen in wenig Wasser einweichen.

2 Zwiebel schälen, würfeln und in heißem Fett andünsten.

3 Mit Gemüsebrühe ablöschen, diese zum Kochen bringen.

4 Linsen zugeben und bei schwacher Hitze 15 Minuten garen.

5 Anschließend pürieren, mit Salz, Honig, Essig und Delifruit abschmecken.

6 Crème fraîche in das Püree einrühren.

7 Petersilie waschen, Blättchen abzupfen, hacken und zur Suppe geben.

8 Orange heiß abwaschen und etwas Schale abreiben.

9 Aprikosen kurz abtropfen lassen, in feine Scheiben schneiden, mit der Orangenschale vermengen.

10 Die Suppe in vorgewärmte Teller geben.

11 Die Aprikosen-Orangen-Mischung auf der Suppe verteilen, die Suppe mit einem Petersilienblatt garniert servieren.

Kürbis-Mango-Suppe

Für 4 Portionen
600 g Kürbis
1 Zwiebel
2 EL kaltgepreßtes Pflanzenöl
Meersalz
Hefewürze
1 l Gemüsebrühe aus Extrakt
2 EL Mehl
2 EL flüssiger Honig
150 ml Sahne
4 Tropfen Aromaöl Ingwer
1 Tropfen Aromaöl Zimt
4 EL Mangovollfrucht
1 Bund Schnittlauch

Suppe einmal exotisch

Hauptgerichte

In nahezu jeder Küche finden sich Hauptgerichte mit Honig. Wenn heute in einem chinesischen Rezept Zucker angegeben ist, dann war ursprünglich sicherlich Honig gemeint. Vor allem die asiatische Küche baut auf die feinen Honigaromen. Ob als Glasur oder eingearbeitet, Honig verleiht allen Gerichten, auch in Verbindung mit Gewürzen und Saucen, einen wunderbaren, intensiven Geschmack.

Die Kürbis-Mango-Suppe ist ein guter Auftakt für ein festliches Abendessen.

1 Kürbis und Zwiebel schälen, das Fruchtfleisch würfeln.

2 Die Fruchtwürfel in heißem Öl andünsten, Meersalz und Hefestreuwürze zugeben.

3 Mit der Gemüsebrühe aufgießen.

4 Die Suppe ungefähr 15 Minuten garen.

5 Die Suppe mit dem Pürierstab pürieren.

6 Mehl mit etwas Wasser anrühren, zum Kürbispüree geben und einmal aufkochen lassen.

7 Honig zur Suppe geben.

8 Sahne und Aromaöle vermischen, steif schlagen und vorsichtig unter die Suppe ziehen.

9 Die Suppe in vier Teller füllen, mit je einem Eßlöffel Mangovollfrucht und geschnittenem Schnittlauch garnieren.

Lammrücken mit Honigglasur

Für 4 Portionen
4 Lammrückenstücke (je rund 500 g) mit je 3 bis 4 Lammkoteletts
1 TL Senfkörner
2 EL Blütenhonig (zum Beispiel Akazien- oder Kleehonig)
3 EL Olivenöl
3 Knoblauchzehen
Kräutersalz
Schwarzer Pfeffer aus der Mühle
1 Zweig frischer Thymian oder 1 TL getrockneter Thymian

1 Die Lammrückenstücke mit den Knochen nach unten in eine Grillpfanne legen.

2 Die Senfkörner im Mörser zerstoßen, mit dem Honig und dem Olivenöl vermischen.

Lamm und Honig ergänzen sich bestens

3 Die Knoblauchzehen abziehen, in das Öl hineindrücken.
4 Alles kräftig mit Salz und Pfeffer würzen.
5 Den Thymian abbrausen, fein hacken und zu der Paste geben.
6 Alles gut mischen.
7 Das Lammfleisch mit dieser Paste bestreichen und zugedeckt rund 2 Stunden im Kühlschrank marinieren.
8 Den Backofen auf 220° vorheizen. Den Lammrücken etwa 50 Minuten grillen, nach der Hälfte der Zeit einmal wenden.

Kuskus mit Mandeln

Ein Abstecher nach Afrika

Für 4 Portionen
250 g Kuskus (vorgekocht)
400 ml Wasser
Meersalz
40 g Butter oder ungehärtete Margarine
100 g Mandelstifte
2 EL Korinthen
2 EL flüssiger, fruchtiger Honig

1 Den Kuskus in eine Schüssel geben und mit 2 Tassen kochendem Wasser begießen, leicht salzen.
2 Alles gut umrühren und ungefähr 10 Minuten ziehen lassen.
3 Das Fett erhitzen, die Mandeln und Korinthen darin braten, den Honig zufügen, den eingeweichten Kuskus zugeben und weitere 2 bis 5 Minuten erhitzen.

4 Umrühren bis sich alles gut vermengt hat.
Dieser Kuskus paßt zu Fleisch- und Geflügelgerichten, eignet sich aber auch als interessante Vorspeise.

Glasierte Hähnchenhälften mit Aprikosen

Für 4 Portionen
300 ml Aprikosensaft
150 g Trockenaprikosen, ungeschwefelt
80 ml Sojasauce
60 ml Sherry
Meersalz
Pfeffer
2 gestrichene TL Curry
2 EL flüssiger, fruchtiger Honig
4 Hähnchenhälften oder 6 bis 8 Hähnchenschenkel

Hähnchenhälften mit exotischköstlicher Note.

1 Die Zutaten außer den Hähnchen miteinander mischen und in eine flache Schale geben.
2 Die Hähnchen von beiden Seiten jeweils ungefähr 3 bis 4 Stunden marinieren.
3 Die Aprikosen quellen lassen.
4 Den Backofen auf 200 °C vorheizen.
5 Eine Kasserolle ausfetten, die Hähnchen hineingeben und ungefähr 40 Minuten im Backofen braten. Immer wieder mit der Marinade bestreichen.
6 Am Ende der Garzeit, wenn sich eine Honigglasur gebildet hat, die Aprikosen und die restliche Marinade in die Kasserolle geben.
7 Die Hähnchen aus der Kasserolle herausnehmen.
8 Mit Reis und den Aprikosen servieren.

Honigrotkohl

Rotkohl mit Pfiff

4 Portionen
1 Rotkohl, ungefähr 700 g
1 Zwiebel
40 g Butter oder ungehärtete Margarine
100 g Weinbeeren
1 EL Balsamicoessig
5 zerstoßene Korianderkörner
3 EL aromatischer, herber Honig

1 Den Kohl putzen und in 1 cm dicke Scheiben schneiden.
2 Die Zwiebel abziehen und fein hacken.

3 Das Fett in einem Topf erhitzen, die gehackten Zwiebeln darin glasig dünsten. Die Weinbeeren dazugeben, in dem Fett wenden, anschließend den Rotkohl und den Essig zugeben.
4 Eventuell mit etwas Gemüsebrühe angießen und ungefähr 20 bis 30 Minuten garen.
5 Kurz vor Ende der Garzeit Koriander und Honig zugeben. Das Gemüse sofort servieren.
Dazu passen Kartoffelplätzchen mit Sesamkruste.

Glasierte Möhren

Für 4 Portionen
ungefähr 600 g Möhren
1 Stück Ingwerwurzel
40 g Butter oder ungehärtete Margarine
wenig Gemüsebrühe aus Extrakt
1 EL flüssiger, aromatischer Honig
etwas Kümmel

So schmeckt Gemüse auch Kindern

1 Die Möhren schälen, längs vierteln und in ungefähr 5 cm lange Stücke schneiden.
2 Die Ingwerwurzel schälen und in dünne Scheiben schneiden.
3 Das Fett erhitzen, Möhren darin andünsten, wenig Gemüsebrühe zugeben und ungefähr 5 Minuten dünsten.
4 Wenn die Flüssigkeit aufgebraucht ist, Honig zugeben, die Möhren damit glasieren.

Mangold-Sesam-Pfanne

Für 4 Portionen
800 g Mangold
2 Knoblauchzehen
4 EL Sesamöl
2 EL Sesamsamen
4 EL Sojasauce
Hefewürze
Chilipulver
4 EL würziger Honig

1 Mangold waschen, Blätter von den Stielen trennen, beides kleinschneiden.
2 Knoblauch schälen, fein würfeln, Frühlingszwiebeln waschen, putzen und kleinschneiden.
3 Das Sesamöl erhitzen, Sesamsamen darin anrösten, die Stiele zugeben und einige Minuten dünsten.

4 Mit Sojasauce, Hefewürze und Chilipulver würzen, eventuell etwas Gemüsebrühe zugeben.
5 Die Mangoldblätter untermischen und das Gemüse bißfest garen. Kurz vor Garzeitende den Honig untermischen.

Schalotten süß-pikant

6 bis 8 Portionen
ungefähr 500 g Schalotten
1 Stange Lauch
125 g Weinbeeren
4 EL Weißweinessig
4 EL Balsamicoessig
4 EL klarer, dünnflüssiger Honig
4 EL kaltgepreßtes Olivenöl
2 Tassen Gemüsebrühe

1 Schalotten schälen, Lauch in Scheiben schneiden, zusammen

Auch als Party-Snack geeignet

Mangold-Sesam-Pfanne: auch ohne Fleisch ein tolles Hauptgericht.

mit den übrigen Zutaten in einen Topf geben, zum Kochen bringen.

2 Den Herd zurückschalten und alles etwa 1 Stunde bei schwacher Hitze offen köcheln lassen, bis die Flüssigkeit fast eingekocht ist. Das Gericht sollte die Konsistenz eines Chutneys haben. Es paßt hervorragend zu Fleisch wie zu vegetarischen Gerichten. Gut verschlossen im Kühlschrank hält es eine Woche.

Tofu-Bällchen auf Honig-Kürbissauce

Honig in der Vollwert-küche

Für 4 Portionen
1 Zitrone
200 g eingelegte Kürbisstücke aus dem Glas
1 TL Apfelessig
1 Prise Cayennepfeffer
weißer Pfeffer
Hefestreuwürze
4 EL kräftiger Honig
1 TL Speisestärke oder Biobin
50 g Trockenpflaumen ohne Stein
1 Stück frischer Ingwer
250 g Tofu
1 bis 2 Eiklar
Meersalz
2 EL Sojasauce
1–2 EL Vollkornsemmelbrösel
ungehärtetes Fritierfett

1 Die Zitrone auspressen. Den Kürbis mit Zitronensaft und Essig kurz aufkochen. Mit Cayennepfeffer, Pfeffer, Hefewürze und Honig abschmecken und mit Speisestärke oder Biobin leicht andicken.

2 Pflaumen in kleine Würfel schneiden. Ingwer schälen und reiben. Tofu durch ein Sieb drücken.

3 Pflaumen, Ingwer und Tofu mit Eiklar vermengen. Mit Salz, Hefewürze und Sojasauce abschmecken (eventuell Semmelbrösel zugeben).

4 Aus dem Teig 12 kleine Bällchen formen und in heißem Fritierfett goldgelb ausbacken. Bällchen herausnehmen, kurz auf Küchenpapier entfetten und auf der Sauce anrichten.

Dazu paßt Naturreis oder Hirse

Fisch in scharfer Honigsauce

Für 4 Portionen
600 g Fischfilets (Heilbutt oder Kabeljau)
2 bis 3 EL Zitronensaft
Meersalz
1 würfelgroßes Stück Ingwer
1–2 gestrichene TL Stärke
2–4 EL kaltgepreßtes Pflanzenöl
1 große Zwiebel
1 Knoblauchzehe, durchgepreßt
3 rote Paprikaschoten, in feine Streifen geschnitten
1–2 Chilischoten, feingehackt
2 EL Tomatenmark
1–2 EL milder Honig
3–4 EL Sojasauce
250 ml Gemüsebrühe aus Extrakt

1 Den Fisch in 2–3 cm große Stücke schneiden. Mit Zitronensaft, etwas Salz, klein gewürfeltem Ingwer und Speisestärke mischen, kurz durchziehen lassen.
2 Den Wok erhitzen, das Öl hineingeben, Zwiebel, Knoblauch, Paprika und entkernte Chillies darin garen, bis die Paprika bißfest sind. Tomatenmark, Honig und Sojasauce dazu geben.
3 Mit Gemüsebrühe ablöschen, alles gut durchrühren. Die Fischwürfel zugeben und alles noch etwa 2 Minuten dünsten.

Den Fisch in scharfer Honigsauce am besten mit Vollkornreis servieren.

Saucen
Walnuß-Honig-Sauce

Für etwa 8 Portionen
2 EL Senf
3 EL Gemüsebrühe (aus Extrakt)
6 EL Weißweinessig
200 g kräftiger Honig
120 g Walnußkerne

Eine Sauce für Geflügel

1 Senf mit der Brühe, dem Essig und Honig gut verrühren.
2 Die Walnüsse fein hacken und unter die Sauce mischen.
Die Sauce paßt gut zu asiatischen Gerichten, aber auch zu Geflügel.

Avocados mit Honig-Senf-Sauce

Als Vorspeise für 8 bis 10 Portionen
100 g Zwiebeln
2 EL körniger Senf
100 g milder Honig
1 Prise Salz
4 EL Zitronensaft
100 ml kaltgepreßtes Sonnenblumenöl
2 Orangen
4 Avocados

Eignet sich toll als Vorspeise

1 Die Zwiebel schälen und hacken.
2 Senf, Honig, Salz und Zitronensaft verrühren. Das Öl langsam zugeben, bis eine cremige Sauce entsteht. Die Zwiebeln unterrühren.

3 Orangen schälen, die weiße Haut vollständig entfernen.
4 Avocado schälen, halbieren und entsteinen. Die Avocadohälften in Längsspalten schneiden.
5 Anschließend die Avocados spalten, mit Orangen mischen, kurz vor dem Servieren mit der Sauce übergießen.

Desserts

Verwenden Sie statt Zucker Honig

Honig ist ein ideales Süßungsmittel für Desserts und dabei gesünder als Zucker. Er läßt sich problemlos mit flüssigen oder festen Zutaten mischen. Je nachdem, welche Honigsorte Sie verwenden, bekommt Ihre Nachspeise ein anderes Aroma.

Honigfeigen mit Sauerrahm

Für 4 Portionen
8 frische Feigen
2 EL flüssiger, fruchtiger Honig
etwas Zimtpulver
100 g Sauerrahm oder Crème fraîche

1 Die Feigen vom Blütenansatz bis knapp unterhalb des Stiels halbieren, so daß beide Hälften noch am Stiel zusammenhängen.
2 Die Feigen aufklappen, mit dem aufgeschnittenen Teil nach oben in eine feuerfeste Form legen.

3 Die Feigen mit Honig beträufeln, mit Zimt bestreuen und 10–12 Minuten bei etwa 200° überbacken.
4 Sauerrahm oder Crème fraîche mit wenig Honig und etwas Zimt verrühren, anschließend gut kühlen und zu den lauwarmen Feigen servieren.

Honig-Eis-Parfait

Für 8 Portionen
7 Eigelbe
180 g flüssiger, kräftiger, aromatischer Honig
300 g Sahne

1 Eigelbe mit Honig in einem Topf über dem heißen Wasserbad etwa 5 Minuten cremig rühren und aufschlagen.
2 Die Masse aus dem Wasserbad nehmen und kalt noch kurz weiterschlagen.
3 Anschließend die Sahne steif schlagen und unter die Parfaitmasse geben.
4 Alles in eine Gugelhupfform oder in 4 bis 6 kleine Auflaufförmchen geben.
5 Vor dem Anrichten die Form oder die Förmchen kurz in heißes Wasser tauchen und dann das Parfait auf einen Teller stürzen.
6 Das Parfait mit pürierten Früchten, beispielsweise Erdbeeren oder Himbeeren, servieren.

Etwas Besonderes zum Nachtisch

Das Soufflé möglichst sofort servieren.

5 Die Souffléförmchen zur Hälfte füllen, im vorgeheizten Backofen etwa 15 Minuten bei 180° goldgelb backen.
6 Das Soufflé mit den Mandelblättchen garnieren, sofort, eventuell mit Fruchtmousse oder Sahne, servieren.

Ofen während des Backens nicht öffnen!

Feigen-Honig-Parfait

Für 6 bis 8 Portionen
100 g getrocknete Feigen
150 ml Orangensaft
2 EL Orangenlikör
4 Eigelbe
1 Prise Vanille
1 Prise Nelken
1 EL milder Honig
abgeriebene Schale von 1 unbehandelten Orange
300 g Sahne
1 Messerspitze Biobin (aus dem Reformhaus)
1 EL Kürbiskerngranulat

Honig-Mandel-Soufflé

Für 4 Portionen
4 EL Mandelblättchen
4 TL feiner Zucker
4 Eier, getrennt
2 EL flüssiger Honig
1 Prise echte Vanille
2 Tropfen Aromaöl Orange

1 Die Mandelblättchen ohne Fett leicht anrösten.
2 Mit Zucker 4 ausgefettete Souffléförmchen durch drehende Bewegungen auskleiden.
3 Eigelbe mit restlichem Zucker und flüssigem Honig cremig rühren, Vanille zugeben.
4 Die Eiweiße zu sehr steifem Schnee schlagen, den Schnee vorsichtig unter die Creme heben und das Orangenaroma zugeben.

1 Feigen in kleine Stücke schneiden, mit Orangensaft und Orangenlikör beträufeln und etwa 2 Stunden quellen lassen.
2 Dann Feigen und Saft mit dem Pürierstab pürieren.
3 Eigelbe mit Vanille, Nelken, Honig und Orangenschale cremig rühren. Zum Feigenpüree geben.
4 Sahne mit Biobin steif schlagen und vorsichtig mit der Feigenmasse mischen.

Dazu paßt eine milde Himbeersauce

5 Im Gefrierfach 2 Stunden frieren, mit dem Mixer durchrühren und in eine flache Schale füllen. Wieder etwa 3 Stunden frieren.
6 Dann 6 Rechtecke schneiden und mit Kürbiskerngranulat bestreuen.

Crêpes mit Honigsauce

Für 12 Portionen
100 g Vollkornmehl
3 EL Zucker
eine Prise Meersalz
220 ml Milch, 3 Eier
Schale von 1 unbehandelten Orange
80 g Butter
200 g Sahne
4 EL milder, fruchtiger Honig
4 Eigelbe
50 g Mandelsplitter

1 Für den Teig Milch und Eier verquirlen, Mehl, Zucker, Salz und Orangenschale unterrühren, dann nach und nach die zerlassene Butter unterrühren.
2 Teig 30 Minuten quellen lassen. Inzwischen Mandeln in der trockenen Pfanne rösten.
3 Eine beschichtete Pfanne erhitzen, 1/8 des Teigs hineingeben, gleichmäßig ausstreichen und jeweils einen dünnen Crêpe backen.
4 Für die Sauce die Sahne etwa 3 Minuten einkochen lassen, anschließend den Honig unterrühren.
5 Die Honigsauce vom Herd nehmen, die Eigelbe mit dem Schneebesen einrühren. Die Sauce etwa 5 Minuten weiter schlagen, bis sie gebunden ist.

Leichter geht es mit einer Crêpe-Pfanne

Mit den Crêpes mit Honigsauce sind Sie sicher der Star eines jeden Kindergeburtstags.

6 Die fertigen Crêpes mit Pergamentpapier jeweils übereinander stapeln.

7 Zum Servieren zu Dreiecken falten, mit Honigsauce anrichten und mit Mandeln bestreuen.

Kuchen und Gebäck

Nicht nur zur Weihnachtszeit In vielen Kuchen und Gebäcksorten kommt das zarte Honigaroma besonders gut zur Geltung und sollte deshalb nicht nur der Weihnachtsbäckerei vorbehalten sein. So macht Honig vor allem Kuchen aus Vollkorn saftiger und hält sie länger frisch.

Biskuitrolle mit Sanddornfüllung

Für 10 bis 12 Stück
Für den Teig:
5 Eier, getrennt
1 Prise Meersalz
4 EL milder Honig
1 TL abgeriebene Orangenschale
2 Tropfen Orangenöl
80 g Weizenmehl Type 1050
Für die Füllung:
250 g Quark (20 % Fett)
2 Orangen
8 EL Sanddorn-Vollfrucht
4 EL Honig
2 Päckchen Vanillezucker
1 Prise Delifruit
1 TL Biobin (Reformhaus)
250 g Sahne (30 % Fett)

1 Die Eiweiße mit dem Meersalz steif schlagen.

2 Eigelbe mit Honig cremig rühren. Orangenschale und Öl zugeben.

3 Das Mehl auf die Creme sieben.

4 Den Eischnee zugeben und alles locker miteinander vermischen.

5 Den Teig auf ein mit Backpapier ausgelegtes Kuchenblech streichen. Im vorgeheizten Backofen bei 200 °C 10 bis 12 Minuten backen.

6 Den Biskuitboden auf ein gezuckertes Küchentuch stürzen. Das Backpapier abziehen und den Biskuit mit Hilfe eines Küchentuchs zu einer Rolle formen. Auskühlen lassen.

7 Die Orangen auspressen.

8 Den Quark mit Orangensaft, Sanddorn, Honig, Vanillezucker, Delifruit verrühren und Biobin unterziehen.

9 Die Füllung kalt stellen.

10 Die Sahne steif schlagen, etwa 1/3 für die Garnitur zurücklassen, 2/3 mit der leicht angedickten Quarkmasse vermischen.

11 Die Rolle vorsichtig ausrollen, Handtuch entfernen, die Füllung ausstreichen.

12 Dann wieder eine Rolle formen. Den Kuchen mit Sahne garnieren.

Feines für den Kaffeetisch

3 Apfelkraut, Rum, Gewürze, Schokolade und das mit Backpulver vermischte Mehl nach und nach einrühren.
4 Die gehackten Mandeln und das Zitronat anschließend unter den Teig heben.
5 Den Teig in eine gefettete Kastenform füllen und im vorgeheizten Backofen bei 180° etwa 1 Stunde backen lassen. Wenn der Kuchen zu schnell dunkel wird, können Sie ihn mit einer Alufolie abdecken.

Honig-Rotweinkuchen

200 g getrocknete Feigen
1/2 l Rotwein
100 g Mandelstifte
200 g Butter
100 g Zucker
100 g flüssiger, milder Honig
5 Eier
5 EL Kakao
3 TL Gewürzmischung (Zimt, Kardamom, Muskat, Nelken)
50 g Orangeat
300 g Weizenmehl
1 Päckchen Weinsteinbackpulver
100 g Kuvertüre oder Aprikosenmarmelade

1 Die Feigen fein würfeln, in Wein etwa 4 Stunden ziehen lassen.
2 Die Mandelstifte in einer Pfanne ohne Fett leicht anrösten, dabei nicht zu braun werden lassen.

Ein idealer Advents-kuchen

Den Geschmack des Kuchens können Sie durch die ausgewählte Honigsorte leicht variieren.

Honigkuchen

3 Eier
100 g flüssiger Honig
100 g Apfelkraut, ersatzweise Zuckerrübensirup
1 Likörglas Rum
1 Messerspitze Nelken, gemahlen
1 EL Zimt
100 g geriebene Schokolade (oder Raspelschokolade, leicht zerdrücken)
250 g Weizenmehl Type 1050
1/2 Päckchen Weinsteinbackpulver
100 g gehackte Mandeln
50 g Zitronat

1 Die Eier schaumig schlagen.
2 Den Honig langsam in den Eischaum einrühren, bis eine cremige Masse entsteht.

Immer ganz
frische Eier
verwenden

3 Butter, Zucker und Honig cremig rühren, Eier nach und nach unterrühren. Anschließend den Kakao, die Gewürze, das sehr klein geschnittene Orangeat, das Mehl und das Backpulver zugeben und mit der Eimasse verrühren.

4 Die eingelegten Früchte abgießen. Dann die Früchte zusammen mit den Mandeln zum Teig geben.

5 Den Teig in eine ausgefettete Kastenform füllen und im vorgeheizten Backofen bei 180° etwa 1 Stunde backen.

6 Den Kuchen anschließend auskühlen lassen und danach mit Kuvertüre oder Marmelade überziehen. Lassen Sie den Kuchen 1 bis 2 Tage durchziehen, dann schmeckt er am besten.

Möhrenkuchen

Für 18 bis 24 Schnitten (1 Blech)
600 g Möhren
7 Eier, getrennt
200 g fruchtiger Honig
1 Zitrone
2 Päckchen Vanillezucker
1 Prise Meersalz
400 g gemahlene Mandeln
100 g Weizenmehl Type 1050
1 Päckchen Weinsteinbackpulver
2 TL Zimt
1/2 TL Nelkenpulver
125 g Aprikosenkonfitüre
250 g Sahne

1 Möhren schälen und fein reiben (in der Moulinette).

2 Die Zitrone auspressen.

3 Die Eigelbe mit Honig, abgeriebener Zitronenschale und Zitronensaft, Vanillezucker und Salz gut verrühren.

4 Mandeln, Möhren, Mehl, Backpulver, Zimt und Nelken zugeben, kurz durchrühren.

5 Die Eiweiße steif schlagen, die Hälfte mit dem Teig vermischen, den Rest locker unter den Teig ziehen.

6 Den Teig auf einem mit Backpapier ausgelegten rechteckigen Backblech ausstreichen.

7 Den Kuchen im vorgeheizten Backofen bei 180-200° etwa 30 Minuten backen.

8 Die Konfitüre erwärmen, durch ein Sieb geben und den Kuchen damit bestreichen. Abkühlen lassen.

9 Den Kuchen in Dreiecke, Quadrate oder Rhomben schneiden und jeweils mit geschlagener Sahne garnieren.

Früchtebrot Classic

Für ungefähr 16 Stücke
4 Eier
4 EL milder Honig
1 Messerspitze Vanille
1 TL Zimt
1 Messerspitze Nelken
150 g ganze Haselnüsse
250 g getrocknete Feigen

Besser als
jedes
gekaufte
Früchtebrot

150 g Weinbeeren
100 g Zitronat, gewürfelt
50 g Orangeat, gewürfelt
175 g Weizenvollkornmehl, sehr
fein gemahlen
1 gehäufter TL Weinsteinbackpulver
100 g Mandeln, halbiert

Es duftet nach Weihnachten

1 Eier, Honig, Vanille und die Gewürze verrühren, bis eine dickli-
che, zähe Creme entsteht.
2 Die Haselnüsse und die in
Würfel geschnittenen Feigen, die
Weinbeeren, das Zitronat und
Orangeat zugeben.
3 Das Mehl mit dem Backpulver
vermischen und gut mit der Masse verarbeiten.
4 Eine Springform einfetten, den
Teig einfüllen, die Teigoberfläche
glattstreichen und mit den hal-
bierten Mandeln sehr eng bele-
gen.
5 Im vorgeheizten Backofen bei
175° etwa 45 Minuten backen.
Falls die Oberfläche zu braun
wird, mit Alufolie abdecken.

Honig-Erdnußplätzchen

125 g Butter
50 g brauner Zucker
120 g flüssiger Honig
1 Ei
125 g Erdnußbutter
250 g Mehl
1 Messerspitze Weinsteinbackpulver

1 Butter und Zucker zu einer
lockeren, cremigen Masse rühren.
Honig, Ei und Erdnußbutter
langsam dazugeben, verrühren.
2 Mehl und Backpulver einarbei-
ten, bis ein geschmeidiger Teig
entsteht.
3 Daraus kleine, etwa nußgroße
Kugeln formen, auf ein gefettetes
Backblech legen. Mit einer be-
mehlten Gabel ein Muster in die
Plätzchen stanzen, dabei flach-
drücken.
4 Im vorgeheizten Ofen bei 180°
10 bis 12 Minuten backen.

Die Honig-Erdnuß-plätzchen halten sich einige Zeit, wenn Sie sie in eine Blechdose geben.

Honig in der Kosmetik

Schon der griechische Arzt Hippokrates empfahl Honig für einen schönen Teint. Es gibt unzählige Hinweise, daß Honig in den vergangenen Jahrhunderten als Schönheitsmittel verwendet wurde, insbesondere von reichen und einflußreichen Frauen jener Zeit: die berühmten Milchbäder Kleopatras zum Beispiel, die vermutlich Honig enthielten, oder die Honigmasken, die sich Poppäa, die Ehefrau des römischen Kaisers Nero, auftragen ließ. Auch chinesische Frauen verwendeten für eine makellose Haut eine Mischung aus Honig und Orangenkernen. In Japan wurde Honig als glättende Handlotion eingesetzt.

Auch wir möchten Ihnen einige wertvolle Honigrezepte für schöne Haut und Haare vorstellen. Versuchen Sie es – der Erfolg wird Sie überzeugen!

Schön mit und durch Honig

Viele berühmte französische Frauen aus den verschiedenen Jahrhunderten scheinen Honig für ihre Gesichts- und Körperpflege genutzt zu haben.

Ninon de Lenclos, die im 17. Jahrhundert eine der berühmtesten Mätressen Frankreichs war, ließ ihr tägliches Bad angeblich nach folgender Rezeptur bereiten:

3 Pfund Blütenhonig

5 l Milch und

1 Pfund Salz

Diese Mischung war sicher ein selbst nach heutigen Maßstäben kostspieliger Luxus, aber der Erfolg rechtfertigte ihn wohl. Es ist überliefert, daß die schöne Ninon sich eine so zarte, rosige Haut bewahrte, daß ihr die Männer bis ins Alter zu Füßen lagen.

Agnès Sorel, die Mätresse Karl des VII. von Frankreich, bezeichnete Honig als »Seele der Pflanzen« und würzte ihre Speisen und Getränke mit Honig. Madame Dubarry, die letzte Mätresse Ludwig des XV., benutzte Honig als Gesichtsmaske.

Gegen Ende des 19. Jahrhunderts wurden Kosmetikprodukte in Serie produziert, und Honig wurde zum beliebten Inhaltsstoff.

Warum macht Honig schön?

Heute werden Honig- und Bienenprodukte wie Propolis, Gelée Royale und Bienenwachs in unzähligen Kosmetikprodukten eingesetzt. Für die Selbstherstellung von Kosmetik beschränken wir uns aber in der äußerlichen Anwendung auf Honig. Aufgrund der vielseitigen Inhaltsstoffe werden Sie schnell seine wohltuende Pflege spüren.

Kosmetik aus Honig ist für jeden Hauttyp geeignet. Am besten wirkt sie jedoch bei trockener Haut. Honig wird gut aufgenommen und bindet Feuchtigkeit. Die Haut sieht straffer aus, rauhe Haut wird glatt und geschmeidig. Für junge Haut ist Honig wegen seiner antibakteriell wirkenden Inhaltsstoffe vorteilhaft.

Honig für innen ...

Schöne Haut erreicht man nicht nur durch Pflege von außen. Auch von innen kann man etwas für seine Haut tun. Versuchen Sie einmal die folgenden Rezepte:

Fitneßtonikum für den Morgen

Mit diesem erfrischenden Tonikum beginnt der Tag für Sie unbeschwert. Es entschlackt, wirkt abführend, regt die Leber an und hilft bei Hautproblemen. Sie fühlen sich fit für den Tag.
1 Glas lauwarmes Wasser
3 EL Obstessig
2 TL Honig
1 Die Zutaten miteinander vermischen und das Fitneßtonikum sofort trinken.

Das Fitneßtonikum mit Honig verhilft Ihnen zu einem frischen Start in den Tag.

Wohlfühldrink

Bereiten Sie diesen Drink zu, wann immer Ihnen Harmonie, Beruhigung und Entspannung gut tun. Die Haut glättet sich.
1 Glas lauwarme Milch
1 TL Honig
2 Kardamom-Körner
1 Die Milch auf Körpertemperatur erwärmen.
2 Den Honig und die Kardamom-Körner zugeben.

Mit Honig entspannen

Schlummertrunk für die Schönheit

Bereiten Sie diesen Tee kurz vor dem Schlafengehen zu und trinken Sie ihn schlückchenweise. Er beruhigt, und Sie schlafen wunderbar ein. Auch Ihre Haut »ruht sich aus«.
1 Beutel Melissentee
2 TL Honig
1 Tropfen Lavendelöl
1 Den Melissetee zubereiten und etwas abkühlen lassen.
2 Den Tee mit dem Honig süßen, mit Lavendelöl aromatisieren.

... und außen

Nach den Rezepten in diesem Kapitel können Sie Gesichtswasser, Cremes und Packungen selbst herstellen. Die Kosmetika enthalten keine künstlichen Konservie-

Honig fürs Gesicht

rungsmittel. Deshalb beziehen sich die Mengenangaben nur auf wenige Anwendungen.

Reinigung und Klärung

Die Haut reinigen

Honig reinigt, klärt und beruhigt die Haut. Er hilft bei entzündlichen Vorgängen, beeinflußt die Talgdrüsenproduktion und spendet Feuchtigkeit.

Honigpeeling für die normale Haut

1/2 Zitrone
2 EL Honig
2 EL Weizenkleie
1 Die Zitrone auspressen.
2 Den Honig leicht erwärmen, mit Weizenkleie und Zitronensaft verrühren.
3 Aufs Gesicht auftragen und 20 bis 30 Minuten einwirken lassen. Vorsichtig warm abwaschen.

Gesichtswasser für jeden Hauttyp

Das Gesichtswasser wirkt klärend und erfrischt. Es sollte morgens und abends nach der eigentlichen Reinigung aufgetragen werden.
1 EL Honig
200 ml destilliertes Wasser
1 EL Zitronensaft
1 Honig in lauwarmem destilliertem Wasser auflösen.
2 Den Zitronensaft zugeben.

3 Die Mischung in ein kleines Fläschchen geben und maximal eine Woche im Kühlschrank aufbewahren.

Honigwasser für die reife Haut

Dieses aromatische Gesichtswasser belebt die müde Haut. Wenden Sie es am besten nach der Reinigung an. Waschen Sie es nicht wieder ab!
50 ml Orangenblütenwasser
30 ml Rosenwasser
25 ml reiner Alkohol
1 TL Honig
3 Tropfen Melissenöl
1 Die Zutaten miteinander mischen und gut verrühren.
2 Das Gesichtswasser in ein gut verschließbares Fläschchen füllen und maximal eine Woche kühl aufbewahren.

Honig belebt die Haut

Honig-Joghurt-Creme für die strapazierte Haut

Diese Creme beruhigt die Haut. Sie wirkt mild und schonend.
100 bis 150 ml Joghurt
2 EL Honig
1 Joghurt mit Honig verrühren und kurz ziehen lassen.
2 Die Masse auf das Gesicht auftragen und ungefähr 5 Minuten einwirken lassen.
3 Dann vorsichtig, jedoch gründlich abwaschen.

Entspannung für die Haut

Honig-Mandel-Emulsion für die trockene Haut

Nahrung für die Haut

Diese Emulsion »nährt« die Haut, gibt ihr Feuchtigkeit und löst alte Hautschüppchen.

1 EL Mandelöl
2 EL Honig

1 Mandelöl und Honig gründlich mischen und vorsichtig auf die Haut auftragen.

2 Nach 20 Minuten mit weichem Tuch und lauwarmem Wasser abnehmen.

Gesichts- und Handmasken

Wenn Sie sich eine Maske auftragen möchten, dann gönnen Sie sich eine Pause. Nehmen Sie sich Zeit. Sorgen Sie für eine gute Atmosphäre und eine angenehme Temperatur.

Honigmaske mit Quark für Hals und Dekolleté

Diese Maske belebt die trockene Haut und gibt ihr Feuchtigkeit.

2 EL Honig
3 EL Quark
2 EL süße Sahne

1 Die Zutaten gut miteinander verrühren.

Eine Maske für glatte Haut

2 Die Maske anschließend auf Hals und Dekolleté auftragen.

3 20 bis 30 Minuten einwirken lassen, dann lauwarm abspülen.

Honig-Zitronen-Maske für die fettige Haut

Mit dieser Maske beeinflussen Sie die Talgproduktion Ihrer Haut.

2 EL Honig
2 EL Zitronensaft
1 EL Joghurt oder Sauermilch

1 Honig leicht erwärmen.

2 Zitronensaft und Joghurt unter den Honig mischen.

3 Die Maske auf die fettigen Stellen auftragen.

4 Nach 20 Minuten abwaschen.

Honig-Öl-Maske für die reife Haut

Vor allem die reife Haut braucht viel Pflege. Diese Maske »nährt« die Haut und gibt faltiger Haut ein besseres Aussehen.

Honigmasken können Sie mit Hilfe der Zutaten auf jeden Hauttyp abstimmen.

2 EL Honig
2 EL kaltgepreßtes Sonnenblumenöl
1 TL Mandelöl
1 Die Zutaten mischen.
2 Die Maske dünn auf Gesicht
und Dekolleté auftragen.
3 25 Minuten einwirken lassen.
4 Mit warmem Wasser abspülen.

Honig-Heilerde-Maske für die unreine Haut

Honig hilft gegen unreine Haut

Diese Maske reguliert die Talgproduktion und fördert die Heilung entzündlicher Stellen.
1 EL Heilerde
2 EL Honig
etwas warmes Wasser
1 Heilerde und Honig mit dem
Wasser zu einer streichfähigen
Masse verrühren.
2 Die Maske auf das gereinigte
Gesicht auftragen, eventuell auch
auf das Dekolleté.
3 Nach ungefähr 20 Minuten
vorsichtig abwaschen.

Honig-Creme-Maske für die normale Haut

Diese Maske stärkt die Haut und
sorgt für eine gute Durchblutung.
2 EL Honig
1 EL Nachtcreme für normale
Haut
1/2 TL Zitronensaft
1 Alle Zutaten miteinander verrühren.

2 Die Maske auf Gesicht und Dekolleté auftragen.
3 Nach ungefähr 50 bis 60 Minuten vorsichtig entfernen.

Honig-Gerstenmehl-Maske gegen Fältchen

Wirksam gegen Falten

Gegen Falten kann man etwas
tun: Unsere Maske strafft die
Haut und sollte kurz vor dem
großen »Ausgehen« aufgetragen
werden.
2 EL Honig
2 EL Gerstenmehl
1 Eiklar
1 Die Zutaten verrühren.
2 Die Maske mit einem Pinsel auf
das Gesicht auftragen. Die Au-
genpartien aussparen!
3 Nach rund 15 bis 20 Minuten
mit warmem Wasser abnehmen.

Honig-Apfelessig-Maske für die Problemhaut

Mitessern den Kampf ansagen

Diese Maske reguliert die Talgproduktion und ist besonders gegen Mitesser zu empfehlen.
3 EL Honig
2 EL Apfelessig
1 Honig mit Apfelessig mischen,
bis die Maske dünnflüssig ist.
2 Die Haut mehrmals damit betupfen.
3 Die Maske ungefähr 30 Minuten einwirken lassen.
4 Dann mit lauwarmem Wasser
abwaschen.

ruhigung, Zitrone und Rosmarin zur Anregung. Honig hat eine leicht emulgierende Wirkung, so daß die Zutaten sich gut im Badewasser verteilen.

Honig-Molke-Bad für strapazierte Haut

Das Bad wirkt entspannend, reinigt und beeinflußt den Säureschutzmantel der Haut günstig. Deshalb eignet es sich für die angegriffene und strapazierte Haut.

Wirkt auch entspannend

150 ml Honig
2 Liter Molke
1 Honig in Molke auflösen und ins Badewasser geben.

Mit einer Honigpackung pflegen Sie Ihre Hände.

Honig-Ei-Packung für die Hände

Diese Handmaske pflegt Ihre Hände und glättet die Haut.
2 EL Honig
1 Eigelb
1 EL Olivenöl
1 Die Zutaten gut verquirlen.
2 Die gereinigten Hände damit bestreichen.
3 Dünne Baumwollhandschuhe anziehen und die Packung über Nacht einwirken lassen.

Meersalz-Honig-Bad

Dieser Badezusatz entschlackt und wirkt rückfettend. Ideal während einer Fastenkur!
250 g Meersalz
150 ml Honig
1 Liter Milch
2 EL kaltgepreßtes Olivenöl
1 Meersalz ins Badewasser geben.
2 Honig in Milch auflösen, Öl dazugeben.
3 Alles ins Badewasser schütten.

Honig fürs Bad

Honig löst sich im Wasser auf. Es sollte jedoch eine klare, flüssige (nicht kristallklare) Honigsorte verwendet werden. Die ideale Wassertemperatur liegt zwischen 36 und 38 °C. Alle Bäder können Sie zusätzlich aufwerten mit ungefähr 20 Tropfen ätherischem Öl: Lavendel und Melisse zur Be-

Lavendel-Honig-Bad für die trockene Haut

Dieses Bad wirkt beruhigend und verwöhnt die Haut, es pflegt die trockene Haut.

4 EL Lavendelblüten
1 l Wasser
150 ml Honig
1 Tasse Sahne
1 Lavendelblüten mit 1 Liter kochendem Wasser übergießen und ungefähr 1 Stunde ziehen lassen.
2 Den Aufguß mit Honig und Sahne vermischen.
3 Die Mischung ins Badewasser geben.

Kräuter-Honig-Bad für die fettige Haut

Einfach zum Wohlfühlen

Es wirkt reinigend, anregend und reguliert die Talgproduktion.
1 EL Heublumen
1 EL Pfefferminzblätter
1 EL Lavendelblüten
1 EL Kamille
1 EL Lindenblüten
1 EL Rosmarin
1 EL Salbei
2 l Wasser
150 ml Honig
1 Alle Kräuter mit 2 Liter kochendem Wasser übergießen und 1 Stunde ziehen lassen.
2 Dann den Honig unter den Aufguß mischen.
3 Die Mischung ins Badewasser gießen.

Molke-Obstessig-Bad

Dieses Bad regt an und beeinflußt den Säureschutzmantel der Haut günstig.

1/2 l Obstessig
1 Tasse Honig
1 Obstessig leicht erwärmen.
2 Den Honig darin auflösen.
3 Die Mischung in das Badewasser geben.

Honig für die Haare

Honig pflegt auch Ihre Haare, verleiht ihnen Glanz und Spannkraft. In buddhistischen Ländern schreibt man ihm auch einen haarwuchsfördernden Einfluß zu.

Honigpackung für normale Haare

Sie verleiht Ihrem Haar Glanz und Festigkeit.

Glanz fürs Haar

3 EL cremiger, streichfester Honig
2 EL Olivenöl
1 TL Zitronensaft
1 Die Zutaten gut mischen und in die leicht feuchten, frisch gewaschenen Haare einkneten.
2 Die Haare mit einem grobzackigen Kamm durchkämmen und dabei die Packung gleichmäßig verteilen.
3 Die Haare abdecken und die Packung einwirken lassen.
4 Nach ungefähr 20 Minuten die Packung ausspülen, eventuell mit wenig Shampoo auswaschen, um das überschüssige Öl zu entfernen.

4 Danach die Packung mit einem milden Shampoo gründlich auswaschen.

Honig-Brennessel-Packung gegen Schuppen

Mit dieser Packung pflegen Sie Ihr Haar und befreien es von Schuppen.
3 EL Honig
4 EL Brennesselsaft
1/2 EL Zitronensaft
1 Die Zutaten miteinander vermischen und auf dem Haar verteilen.
2 Die Packung besonders gründlich in die Kopfhaut einmassieren.
3 Danach mit einem Shampoo auswaschen.

Honig gegen Schuppen

Honig-Kamille-Packung für feines Haar

Glanz und Fülle für feines Haar verspricht diese Packung.
1/2 Tasse starker Kamillentee
3 EL Honig
1 Den Kamillentee zubereiten und auf 37 °C abkühlen lassen.
2 Dann den Tee mit Honig vermischen.
3 Die Packung auf das Haar auftragen und leicht einmassieren.
4 Die Packung kurz (5 Minuten) einwirken lassen.
5 Danach mit einem milden Shampoo auswaschen.

Eine Honigpackung kräftigt das Haar, die Spitzen werden geglättet.

Honig-Eigelb-Packung für trockene Haare

Diese Packung gibt trockenem Haar Elastizität und Glanz. Gut eignet sich diese Honig-Eigelb-Packung bei spröden Spitzen.
3 EL Honig
1 bis 2 Eigelb
1 Honig und Eigelb verrühren.
2 Die Packung auf die gewaschenen Haare auftragen und gut einkneten.
3 Die Haare abdecken, Packung 20 Minuten einwirken lassen.

Zum Nachschlagen

Bücher, die weiterhelfen

Caillas, A., W.-E. Ronneburg: *Drei Schätze der Gesundheit;* Urs Freund Verlag GmbH
Diemer, I.: *Imkern als Hobby;* Franckh-Kosmos Verlag
Droege, G.: *Die Honigbiene;* Ehrenwirth Verlag
Horn, H., Lüllmann, C.: *Das große Honigbuch;* Ehrenwirth Verlag
Rohwedder, D.: *Propolis;* BTV Taschenbuchsverlag GmbH
Spürgin, A.: *Die Honigbiene – vom Bienenstaat zur Imkerei;* Verlag Eugen Ulmer

Adressen, die weiterhelfen

Deutscher Imkerbund e. V.
Hauptstr. 3
53343 Wachtberg-Villip

Institut für Honigforschung – Bremen
Schlachte 15/18
28195 Bremen

Honigverband Deutschland
Am Wall 146
28195 Bremen

Reformhaus-Fachakademie
Gotische Str. 15
61440 Oberursel

Österreichischer Imkerbund
Georg-Koch-Platz 3
A-1010 Wien

Kammer für Land- und Forstwirtschaft in Kärnten
Museumgasse 5
A-9020 Klagenfurt

Verein deutschschweizerischer und rätoromanischer Bienenfreunde (VDRB)
6235 Winikon

Beschwerden- und Sachregister

Rezeptregister

Das Original mit Garantie

IHRE MEINUNG IST UNS WICHTIG. Deshalb möchten wir Ihre Kritik, gerne aber auch Ihr Lob erfahren. Um als führender Ratgeberverlag für Sie noch besser zu werden. Darum: schreiben Sie uns! Wir freuen uns auf Ihre Post und wünschen Ihnen viel Spaß mit Ihrem GU-Ratgeber.

UNSERE GARANTIE: Sollte ein GU-Ratgeber einmal einen Fehler enthalten, schicken Sie uns bitte das Buch mit einem kleinen Hinweis und der Quittung innerhalb von sechs Monaten nach dem Kauf zurück. Wir tauschen Ihnen den GU-Ratgeber gegen einen anderen zum gleichen oder ähnlichen Thema um.

Ihr Gräfe und Unzer Verlag
Redaktion Gesundheit
Postfach 86 03 25
81630 München
Fax: 089/41981-113
e-mail:
leserservice@graefe-und-unzer.de

Wichtiger Hinweis

Honig ist ein altes Naturheilmittel, dessen gesundheitliche Wirkung bei bestimmten Beschwerden wissenschaftlich anerkannt ist. Bitte beachten Sie aber die Grenzen der Selbstmedikation: Bei heftigen und/oder unbestimmten und/oder länger als zwei Tage anhaltenden Beschwerden gehen Sie bitte immer zum Arzt. Beachten Sie bitte auch unsere entsprechenden Warnhinweise im Buch. Vergessen Sie vor allem nicht, daß Babys unter einem Jahr keinen Honig essen dürfen und daß Sie, falls Sie Allergiker sind, die Einnahme von Pollen vorher erst mit Ihrem Arzt oder Heilpraktiker abklären müssen.

Impressum

© 1999 Gräfe und Unzer Verlag GmbH, München.
Alle Rechte vorbehalten. Nachdruck, auch auszugsweise, sowie Verbreitung durch Film, Funk und Fernsehen, durch fotomechanische Wiedergabe, Tonträger und Datenverarbeitungssysteme jeder Art nur mit schriftlicher Genehmigung des Verlages.

Redaktion: Angela Hermann-Heene
Lektorat: Gabriela Schwarz

Fotos: Studio Schmitz (Foodstyling Rudolf Vornehm);
weitere Fotos: AKG-Photo: Seite 9, 11; Bavaria/M. Barth: Seite 30; Bavaria/VCL: Seite 85; H.E. Laux: Seite 25; Mauritius: Seite 2, 6/7, 12, 17, 29, 39, 41, 52; Christophe Schneider: Seite 87, 89; Stock Market/Nancy Brown: Seite 3, 82/83; Tierfoto Reinhard: Seite 22, 26

Umschlaggestaltung:
independent Medien-Design
Innenlayout: Heinz Kraxenberger
Herstellung: Ina Hochbach
Satz: Johannes Kojer
Lithos: Repro Schmidt, Dornbirn
Druck: Appl, Wemding
Bindung: Sellier, Freising

ISBN 3-7742-1592-8

Auflage	5.	4.	3.	2.	1.
Jahr	03	02	01	00	99